# 探路者 Tanluzhe
## 从互联网+到数据要素×

陈劲 主编

红旗出版社

# 编委会名单

**主　编**

陈　劲

**策　划**

蔡李章　王　一

**统　筹**

王晓宇　沈爱群

**撰　稿**

（以下排名按姓氏笔画排序）

王昆喜　王　超　王　缘　叶　健

吕海萍　朱朝晖　刘洪民　李晓旭

沈爱群　张　帆　张　颖　陈久忍

罗俊峰　季辰玺　周　佳　赵之奇

赵　阳　姚　珏　秦虹光　徐一凌

徐卫兵　郭爱芳　董　颖　楼　昕

# 序言

党的二十大报告指出,加快发展数字经济,促进数字经济和实体经济深度融合,打造具有国际竞争力的数字产业集群。党的二十届三中全会进一步指出,完善要素市场制度和规则,推动生产要素畅通流动、各类资源高效配置、市场潜力充分释放。培育全国一体化技术和数据市场。健全劳动、资本、土地、知识、技术、管理、数据等生产要素由市场评价贡献、按贡献决定报酬的机制。

在数字经济背景下,以数据开发利用为引擎促使生产要素实现创新性高效、精准配置,不仅成为传统生产要素的新质态,而且也和人工智能、大数据、物联网、工业互联网等数字技术融合应用。这一融合应用加快了对传统产业的高速升级,并不断催生新产业、新模式、新动能,正形成新质生产力的关键要素。发挥数据要素报酬递增、低成本复用等特点,对推动生产生活、经济发展和社会治理方式深刻变革,对推动高质量发展具有十分重要的意义。为深入贯彻党的二十大精神,落实《中共中央 国务院关于构建数据基础制度更好发挥数据要素作用的意见》,充分发挥数据要素乘数效应,赋能经济社会发展,国家数据局会同有关部门制定了《"数据要素×"三年行动计划(2024—2026

年)》，又为数据要素进一步成为国民经济发展的重要支撑指明了方向。可以说，2024年是我国"数据要素"元年。

勇立潮头，敢为人先。早在2003年，作为"八八战略"的重要部署之一，"数字浙江"便开始布局建设，并持续推进，形成了数字经济发展"领跑"优势。2023年，浙江省委提出"更大力度实施数字经济创新提质'一号发展工程'"，并提出到2027年，浙江数字经济增加值和核心产业增加值将分别突破7万亿元和1.6万亿元，实现"双倍增"。在数据要素方面，浙江是全国第一个为公共数据立法的省份，并通过制定公共数据授权运营、公共数据开放管理、数字经济工作要点、数据资产确认等相关配套政策，对数据要素法律从多维度具体落实。而在数据要素的运行方面，与全国大多数地方采取的公共数据统一授权运营方式不同，浙江采取了"分散授权，开放运营"的模式，进一步加快了数据要素应用的深度和广度。与此同时，《浙江省公共数据条例》明确提出，省公共数据主管部门要会同省有关部门，统筹建设一体化智能化公共数据平台，实现省域内公共数据跨层级、跨地域、跨系统、跨部门、跨业务有效流通和共享利用。可以说，充分发挥市场和政府的双重作用，浙江作出了有益的探索。浙江除了在数据要素制度、公共数据授权经营模式、一体化公共数据平台、数据交易中心、公共数据免费开放等方面开展了先行探索外，还在数据资产化、数据试点示范、数据产业联盟、数商企业认定、数据要素培训、首席数据官等方面进行了有益尝试。

为了进一步体现浙江在数据要素方面敢为人先的创新精神，本书收集采编了浙江政府、行业和社会服务机构在探索以数据要素为引擎发展新质生产力的25个案例，既可为全国其他省市发展数据要素提供参考，同时也进一步总结提炼科学、高效发展数据要素的浙江模式。本书编著团队对此高度重视，组织了高水平的采编队伍，对25家单位进行了现场采访，完成相关案例的编写工作。来自浙江省部分高校的专家教授对案例予以精彩的点评。

习近平总书记高度重视发展数字经济，强调数字经济"正在成为重组全球要素资源、重塑全球经济结构、改变全球竞争格局的关键力量"[1]，"推动实施国家大数据战略，加快完善数字基础设施，推进数据资源整合和开放共享，保障数据安全，加快建设数字中国"[2]。希望本书的出版对进一步探索各地各行业因地制宜推进数据要素赋能高质量发展，进一步做大做强数字经济，加快发展新质生产力有所裨益。

清华大学经济管理学院教授　陈劲

2024年8月

---

[1]《习近平谈治国理政》第四卷，外文出版社2022年版，第204页。
[2]《习近平新闻思想讲义》，人民出版社、学习出版社2018年版，第141页。

# 前言

## 致敬，时代的探路者！

每一个时代，总有那么一些人，默默地走在前列，为大家探路。也许，他们自己还没有察觉。《探路者：从互联网＋到数据要素×》一书，记录的就是这么一群在"数据要素×"这条赛道上奔跑的时代探路者。

21世纪，互联网走进并深刻改变着我们的生活。而当时光来到2024年年初，很多人还沉浸在"互联网＋"的神奇之处的时候，一个称之为"数据要素×"的时代悄然来临。2024年1月初，国家数据局会同国家17部委联合发布了《"数据要素×"三年行动计划（2024—2026年）》，明确在工业制造、现代农业、商贸流通、交通运输、金融服务、科技创新、文化旅游、医疗健康、应急管理、气象服务、城市治理、绿色低碳等12个行业和领域，推动发挥数据要素乘数效应，释放数据要素价值。

就这样,"数据要素"成为一个热词,走进公众视野;有专家称,2024年是"数据要素"元年。

什么是"数据要素"？数据来自哪里？如何确权变成资产？等等,围绕"数据要素"的这些概念和热点,我们不仅要答疑解惑,还要描绘这个赛道的未来前景。为此,以教育部"长江学者"特聘教授、清华大学技术创新研究中心主任陈劲先生为主编的创作团队,提出了以"案例+点评"方式作为本书基本框架的思路。陈劲教授是浙江籍著名学者,是我国"自主创新""整合式创新"等概念和理论的提出者与开拓者,也是财经管理类畅销书作家。

我们选择以浙商和浙企作为观察对象。本书的25个案例,是我们在征询数据要素主管部门、智库专家和数据市场参与者意见的基础上筛选出来的。为了更好呈现这些案例的应用场景,我们组织了多位优秀作者进行实地的调研访问,客观而生动地讲述与数据产业相关的企业发展理念、探索道路、价值追求。这种注重可读性的呈现方式,使得本书对数字时代的触摸没有停留于冷静的技术语言,而是具备了人的搏击和事的建树这样一种生动张力,更好地呈现了这些数据要素与经济社会融合发展的鲜活案例。

我们希望通过对这些具体案例的分析,帮助读者理解数据的潜力,看到数据要素如何赋能传统产业升级,加速新产业的孕育。而团队专家对本书案例的精到点评,也使得本书更具产业方向性参考,可谓锦上添花。现在回过头去看,我们精选出的25个案例,仅仅是冰山一角。

因为在实际操作层面，放眼全国，我们发现有更多的人，他们在数据要素提供商、运营商和服务商等方面同样进行着有益的尝试，他们的案例并未被收入书中。但就像本文开头所说，面对这个全新赛道，他们就是一个个默默无闻、勇毅前行的探路者，在书稿即将付梓之际，同样为他们点赞。我们正在策划《探路者2》，他们的故事，就一起期待下回分解吧。

  在本书成书过程中，我们还要点赞浙江省人民政府驻北京办事处的朋友们，特别是浙江省新时代京浙人才协同发展中心的小伙伴们，从一开始，他们就捕捉到了本书选题的价值，为此他们在北京组织相关专家，多轮论证，观点碰撞，启发良多，在此一并表示感谢。

编者

2024 年 8 月 16 日

# 目录

## CONTENTS

### 基础设施建设

点"数"成金，赋能数据资源"活起来"……………………………002

科技成果转化也能"一键下单"……………………………………009

"链"上文化，讲好中国故事………………………………………016

### 政府应用创新

实景三维"复刻"一座立体城市……………………………………024

危险货物道路运输，"浙运安"让安全治理效能提升……………030

智慧客服中心，如何链接美好出行…………………………………037

太乙：交通态势预测，让高速公路更聪明更畅通更安全…………043

浙闸通，"一站式"的浙里畅航……………………………………049

一滴油"助手"，有多神奇…………………………………………056

那些偏远山村，如何实现"快递自由"……………………063

## 行业应用探索

安全"高颜值"成就数据效益高价值……………………072
笃信算力，"大脑"让城市治理更聪明…………………081
智慧化城市治理，大华助力城市安全与便捷发展………089
三个"大脑"进化史………………………………………097
系统上云，智慧医院迈入云计算时代…………………… 105
数据融通，零售企业数字化转型的成功内核…………… 113
数据价值流转再造一个"个推"………………………… 120
绿色充电宝，电力数据助推储能产业投资……………… 129
海洋塑料垃圾变废为宝…………………………………… 136
让投资变得更聪明………………………………………… 143
云象：为区块链数字金融打造安全底座………………… 150
区块链赋能金融数字风控，实现"既合作又竞争"…… 157
智能定价，政府资源和企业资源的双向奔赴…………… 164
不再弯弯绕绕，停车变得"聪明"……………………… 172
数字赋能农民掌握农事"金钥匙"……………………… 179

基础设施建设

## 点"数"成金，赋能数据资源"活起来"

王超 / 文

开店做生意，选址很重要，租到旺铺意味着能获得超高人气和销量，尤其是对于快消品而言。以往要开一家奶茶店，店主一般先要在目标店址蹲点数人头，了解人流和构成，有的还要做更细致的消费调研。但人流具有季节性，往往千辛万苦租店开业后，营业额还不及房租。

而在浙江大数据交易服务平台，一家数据运营商推出了实时手机热点检测服务，卖家购买了该产品后，足不出户就能看到人气汇聚地，还可以展示附近所有的门店和每天的人流变化数据，为想开店创业的人选址提供最可靠的数据参考。

这样的数据交易案例，在浙江大数据交易中心不胜枚举。事实上，随着数字经济大潮来袭，数据被应用到越来越多的场景：通过消费数据进行反向定制，根据征信数据开展授信贷款，利用医疗数据推进智慧导诊……可以说，海量数据蕴含着新型富矿。

003 / 基础设施建设

浙江对数字经济的嗅觉一向灵敏。浙江大数据交易中心成立于2016年，是浙江省第一家数据交易场所，也是目前全省唯一一家持牌的省级数据交易场所（截至2024年7月）。

彼时，浙江省委、省政府对浙江大数据交易中心的定位也很清晰，即作为浙江省大数据存储、清洗、分析、发掘和交易的重要机构，为浙江国家数据要素综合改革试点提供支撑，进而促进高质量数据供给赋能实体经济。

数据"看不见、摸不着"，如何运用好？想让数据流动起来，真

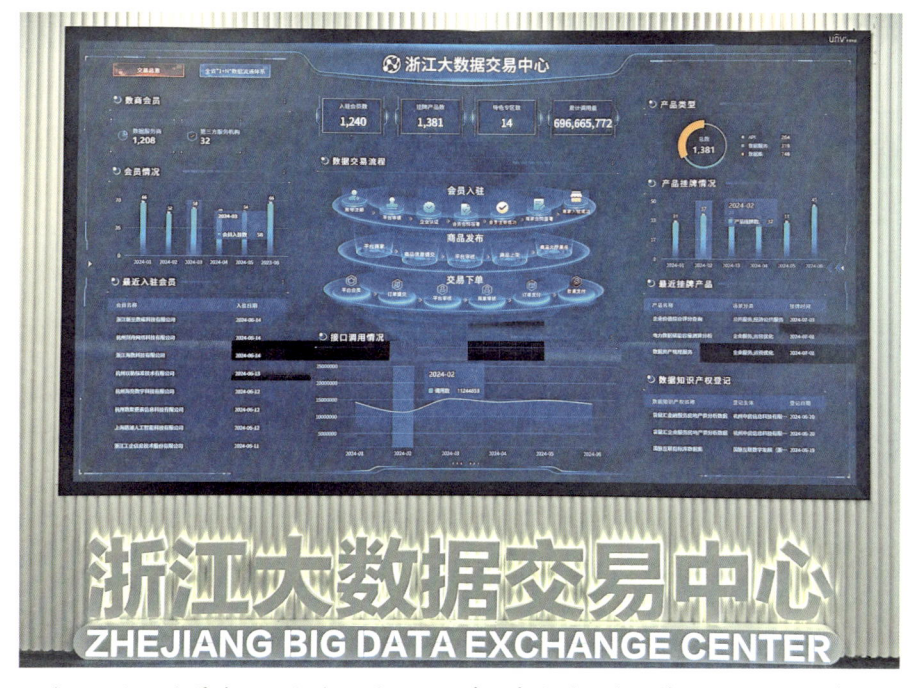

浙江大数据交易中心的数字大屏，显示着数商会员、产品等平台各项数据情况

正发挥价值，就意味着需要有中间环节，这离不开平台的牵线搭桥。数商企业是否也可以通过平台上架数据产品，进行需求匹配和交易？2021年浙江大数据交易中心率先上线浙江省统一数据交易平台——浙江省大数据交易服务平台。

"我们的大数据交易服务平台就像一个大市场。"浙江大数据交易中心工作人员用这一比喻，来解释数据交易平台的交易模式。

打开平台，企业、单位发布的所需数据类型、可应用领域等信息排布清晰。供给大厅与需求大厅两个模块分别面向数据供给方和需求方。

供给大厅允许数商将自身拥有的数据资源进行展示，发布自己的数据集、数据服务或数据产品，让买家像逛淘宝一样浏览、选购心仪的数据。而需求大厅则供数据需求者发布所需的数据资源，寻找符合条件的数商以采购数据商品。

"原来的数据交易存在一些交易风险，通过我们的平台进行交易，我们会对数据的合规性和授权问题做相应审核，满足交易要求的才会到平台上进行发布，相当于是给卖方的数据产品做了一个可靠的保证，从而更好达成数据和用户的'双向奔赴'。"浙江大数据交易中心的工作人员介绍平台的优势所在。不仅如此，卖方将产品放在浙江大数据交易服务平台进行交易，还大大降低了营销和沟通成本。

数据更大的魔力，来自不同行业不同领域的产业数据融合。"在这个大市场中，企业数据、消费者数据、金融数据等都可以参与交易，目前入驻交易专区的数据产品涵盖了工业大数据、产业金融大数据、产业链大数据等领域，可服务于工业制造、城市治理、金融科技、公共服务、企业服务等应用场景。数据细分领域更丰富，数据融合更频繁，数据价值的魔力就会更大。"浙江大数据交易中心工作人员说。

如今，浙江大数据交易服务平台已建设有数据国际交易专区、产业数据流通交易专区、信用专区、电力数据专区、文旅专区、浙东南工业数据专区等行业专区，以及宁波、温州、绍兴、湖州、南湖、义乌、余杭、新昌等8个区域专区，专注于特定行业或领域的数据交易和服务。截至2024年7月15日，浙江大数据交易中心入驻数商1240家，上线各类数据产品近1400个。

在浙江大数据交易服务平台的加持下，点"数"成金已经成为众多企业的新赛道。

2024年7月10日下午，浙江工企信息技术股份有限公司总经理张缪春收到了一份交易登记证书凭证，其企业的数据产品"跨行业通用数字底座"被浙江明钺金属科技股份有限公司以5万元的价格买入。

浙江工企信息技术股份有限公司位于嘉兴南湖区，是一家为制造业企业提供数字化转型服务的企业，成立十几年来积累了大量的数据模型与数据资源。2023年，张缪春带领企业研发团队开发出数据产品"跨行业通用数字底座"，这是一款适用于工业领域的通用数据模型，能助力企业产生高质量的业务数据，实现高效的数据整合与分析。2024年6月，产品在浙江大数据交易中心南湖专区上架，1个月不到就顺利达成了首笔交易。

作为浙江省唯一的省级数据交易场所，近年来浙江大数据交易中心步履不停，先行先试完成了多项首创业务，不断让数据要素发挥乘数效应。

2023年12月，浙江大数据交易中心联合浙江中企华资产评估有限公司、中国质量认证中心，完成"双碳绿色信用评价数据产品"的市场价值评估工作。这是全国第一单电力行业数据资产市场价值评估案例。

2024年3月，浙江大数据交易中心与国网浙江省电力有限公司合作，完成了浙江省内首批电力数据产品在数据交易平台挂牌上架、数据知识产权登记及场内交易。

2024年4月，金华市交通投资集团旗下金华市浙中公铁联运港有限公司在"数知通"平台完成了数据知识产权区块链存证和登记申请办理工作后，在浙江大数据交易服务平台完成了首笔"数据知识产权"类的数据服务交易，实现了数据知识产权从存证登记到流通交易的全流程闭环运营……类似的首笔业务不胜枚举。

在数字经济时代，仅凭单一企业的数据应用已难以满足市场的多样化需求。因此，公共数据的授权运营显得尤为重要，它不仅是推动数据要素市场走向成熟的重要引擎，更是引领市场发展的新动力。

一直以来，浙江大数据交易中心积极推动数据交易机构间互认互通，先后与深圳、贵阳、海南等地数据交易机构签署战略合作协议。

在 2023 年 11 月举办的全球数商大会上，浙江大数据交易中心与十省市交易机构启动数据交易联盟链建设，实现"一地挂牌、全网互认"；2024 年初，浙江大数据交易中心与贵阳大数据交易所合作完成了两地电力数据产品互认互通，双方将各自的数商会员——国网浙江及贵州电网旗下的数据产品同时上架至对方的数据交易服务平台，这也是国内数据交易机构首次完成跨省电力数据产品的互认互通。

展望未来，数据要素市场化将持续在数字经济中发挥核心引擎作用，释放更巨大的潜能。浙江大数据交易中心也将继续积极参与构建全国统一的数据要素市场，为实现数据要素市场化配置、发展新质生产力贡献力量。

**点评 赵之奇：**

浙江大数据交易中心于 2016 年由浙江省政府批准成立，是浙江省第一家数据交易场所，也是浙江省唯一一家持数据交易牌照的数据交易场所。

成立浙江大数据交易中心，本身是一个创新举措，它提供了一个范例，如何将数据资源转化为经济增长的新动力，同时也以可视的价值评估体现了数据资源在现代经济中的重要作用。

案例生动展示了浙江大数据交易服务平台如何利用先进技术，如实时手机热点检测，协助企业作出更明智的决策。这不仅仅是选址问题的解决，更是一种全新的市场分析方法，覆盖了消费数据、征信数据、医疗数据等多个领域。

在全国范围内开展数据要素市场化意味着可以更高效地分配数据资源，提高数据的使用效率和经济价值。这不仅能促进经济的增长，还有助于提升社会管理和服务水平。

以目前数据领域中政府数据的交易交换占大多数的现状来看，浙江在大数据交易领域的先行先试不仅推动了地方经济的发展，还为其他省份提供了可借鉴的模式。这一案例强调了政府在推动数据经济发展和推进数据市场基础建设中的重要作用，并且显示了政策创新对经济转型的巨大推动力。

## 科技成果转化也能"一键下单"

王超 / 文

如何激发水稻内生真菌的免疫诱抗活性,从而达到促生增产和瘟病防治的效果?这是浙江省农业科学院林福呈教授团队主要的课题方向。

什么是内生真菌?用林福呈教授的话来说,就是与野生植株共生的真菌,"能帮助水稻、蔬果等植物从土壤中吸收营养,从而形成互利互惠的关系"。

团队在研究野生水稻植株过程中,在全球首次发现了三种十分罕见的内生真菌,具有很强的免疫诱抗活性,它们分别被命名为稻假瓶霉、巨座壳菌和稻镰状瓶霉。在此基础上研发出的内生真菌种子包衣剂和固体菌剂,对水稻穗颈瘟病的防治率高达 90%。

基于其促生增产活性,团队还发明了内生真菌绿色健苗技术,研制出可实现水稻增产 6% 以上的内生真菌固体菌剂。此外,内生稻镰状瓶霉能将土壤中的重金属镉屏蔽在水稻根系外,可降低稻米镉含量

25% 左右。

截至 2023 年底，团队开展的这项 "多功能内生真菌绿色高产抗病技术研创应用" 项目，已有 59 项成果获得国家发明专利，获评 2022 年度浙江省技术发明奖一等奖。其中，"一种假瓶霉属内生真菌 P-B313 及其应用等 8 项发明专利" 被浙江省农业科学院赋予了首次为期 10 年的长期使用权，最终该成果以 5000 万元的价格排他许可给了浙江境禾生物科技有限公司。

这笔成果转化交易案例是在中国浙江网上技术市场 3.0 平台上完成的。值得关注的是，从成果发布到最终签订合同，整个转化周期不到一个月，5000 万元的交易金额也在院内创下了历史新高。

这个平台究竟有什么魔力，能让信息不对称、周期长、难成交等成果转化 "老大难" 问题迎刃而解？从浙江省农业科学院开展的相关工作中，或许更容易找到答案。

作为入驻中国浙江网上技术市场 3.0 平台的首批试点单位之一，浙江省农业科学院可以说是见证了平台从无到有再到迭代升级的整个过程。

最早，浙江省农业科学院成果转化推广部一般是通过线下活动来进行成果的宣传和推广的，这是必不可少的一个步骤，能为后续的实际成交打下基础。

"我院积极参加省农博会、省种博会等展览，征集院里最新、最好的科研成果进行现场展示推介。也通过举办现场会，邀请行业主管部

011 / 基础设施建设

门、上市公司、农业龙头企业、农业种植大户等单位来科研基地现场参观，让他们对科研成果和技术能有一个更清楚直观的了解。"浙江省农业科学院成果转化推广部工作人员梁雅妮说，"除此之外，我院还举办各种规模的路演、拍卖等活动，通过这些活动进一步提高成果的'出镜率'。"

浙江省农业科学院还通过"农科 e 服务""51 农业技术"等平台进行线上宣传，但只是单纯的成果展示，无法直接在平台上完成交易。也就是说，线下活动仍然是成果推广的"主力军"。

长三角农业企业竞价科技创新成果

供需匹配才能更好地完成转化。为此，浙江省农业科学院经常要派专员到地方进行走访调研，向行业主管部门、上市公司、龙头企业及农业种植大户征集需求。可见传统人力作业下的成果转化推广模式有多艰辛。

如此大费周章，也只是为了让潜在客户获知最新成果的存在，而这也不过是"万里长征"的第一步，距离最终完成转化，还有很长一段路要走。

所幸这一切，都因数字经济新时代的到来而画上句号。数据平台的诞生，消弭了供给侧和需求侧之间的信息不对称，这让科研院所的成果转化变得更便捷、更高效。

2022年，浙江省科学技术厅首创职务科技成果单列管理范式，针对高校、科研院所开发"安心屋"数字化应用场景，搭建职务科技成果"内控管理—转化审批—公开交易"全流程电子化通道，将成果转化审批周期从平均58天压缩到了30天。同时，浙江省科学技术厅还针对企业端打造了"供需荟"产学研协作数字化平台，构建"需求导向"的成果转化机制，围绕企业来配置科技资源。

2023年，基于数字化改革和数据要素，中国浙江网上技术市场3.0平台与上游"安心屋"和下游"供需荟"两大平台无缝衔接，打通了成果从产出到转化的通道，集展示、交易、交流、合作、共享五位一体，进而消弭了供给侧和需求侧之间的信息不对称。

用浙江省科学技术厅成果处相关负责人的话来说，"中国浙江网上技术市场 3.0 平台就像一个空间站，连接'安心屋''供需荟''浙江拍'等不同舱，它是基于海量的成果转化数据来形成集成改革的"。

打开中国浙江网上技术市场网站的首页，映入眼帘的是"交易大厅""成果大厅""需求大厅"等几大模块。

在"交易大厅"，转化成果按照协议定价、挂牌交易和竞价拍卖三种定价方式进行了分区，下方还会滚动播放近期完成的交易信息；在"成果大厅"，可以看到高校和科研院所等供给端发布的不同行业、不同技术领域和不同地区的转化成果，并且还能根据成果的成熟度、出让方式和交易价格进行筛选；而在"需求大厅"，则能看到企业等需求端发布的需求信息，除了按技术领域和需求地区来区分，还有许可转让、完全转让、技术入股、合作开发等合作方式可供选择。

如此一来，成果转化变得像"网上购物"一样简单方便。不过其中还有一个很重要的问题要解决，这是所有交易能够达成的基础，那就是"信任"问题。

浙江省农业科学院成果转化推广部工作人员表示，以往某项成果从公布到最终达成交易，中间还有一个很长的转化周期，即便企业在现场实际看到了院里研发的新品种或新技术，并且也表示感兴趣、有需求，但很少会有人在现场直接交易。

"能否熟练运用和掌握这种新的种植技术？对后续市场的推广有没有信心？这些都是企业会顾虑的地方。"工作人员表示，除了让潜在客户认可新技术，还要建立和培养客户与新技术供给方之间的信任感。

作为一个中介型平台，中国浙江网上技术市场 3.0 平台又是如何快速取得企业信任的呢？

"省里牵头搭建平台，最大的好处就在于政策支持，相当于给大家吃了一颗'定心丸'，极大地降低了完成转化的信任成本。"浙江省科学技术厅成果处相关负责人解释道，"此外，平台对科技成果及其团队的资质把控非常严格，入驻方必须以单位的名义来进行注册。最重要的是，每项成果的发布都必须经过对知识产权证书等相关材料的审查，由省里相关部门严格把关，以此确保技术成果的真实可信。"

据介绍，2021 年至 2023 年，中国浙江网上技术市场完成科技成果转化共计 170 余项，总合同金额 1.82 亿元。

工欲善其事，必先利其器。对浙江省科技成果转化工作而言，中国浙江网上技术市场 3.0 平台无疑就是最好的"利器"，它斩破了成果转化当中的信息不对称、转化周期长、成交难这"三张大网"，进一步推动"一键式"科技成果转化集成改革。

### 点评 周佳：

本案例阐述了浙江省基于数据要素打造的中国浙江网上技术市场 3.0 平台这一科技成果转化利器，展现了浙江省在数字化改革和科技成果转化中的领先示范和创新实践。

以浙江省农业科学院林福呈教授团队的科技成果为例，其 8 项发明专利为期 10 年的长期使用权，以 5000 万元的价格排他许可授予浙江境禾生物科技有限公司。这笔在中国浙江网上技术市场 3.0 平台上完成的转化交易，从成果发布到合同签订整个周期不到一个月。

与上游"安心屋"和下游"供需荟"两大平台无缝衔接，打通了科技成果从产出到转化的通道，透明显示已有成果、企业需求和交易情况，整个交易过程可以像"网商购物"一样简单便捷；对平台上的科学团队资质、科技成果证明材料等进行严格审查，消弭供需双方的不信任，促进科技成果快速转化。这一由省级科技部门牵头创建的科技成果转化平台管理模式，为全国各地政府加速实现科技成果转化提供了有效的解决路径。

从这个成功案例可以预见，浙江省作为数据要素市场建设和科技成果转化的先行者，随着科技成果转化数字化平台的不断迭代完善，必将更有力地推动我国数字要素市场的发展，加速打造产学研创新链，为全国数据智能服务领域提供可借鉴的成功经验和启示。

## "链"上文化，讲好中国故事

楼昕 / 文

未来博物馆会是什么样，数字化给足想象空间。

当文物可以在手中翻转，甚至拆解把玩；当珍稀古籍在指尖随意放大缩小，当壮士豪杰在耳边对酒当歌直抒胸臆……新时代的博物馆，震撼、酷炫，古人古物就在身边。

作为实体展览的补充，数字技术打破时间空间限制，让更多文物藏品、文化遗产在现代生活中，找到新的表达方式，"活"了起来。"依托 5G 的技术优势，数字展采用交互式展示手段、开放式知识探索模式。"浙江文化产权交易所技术总监郑校说，"不光是文物、古籍，还有美术、地方戏曲剧种、民间文艺、农耕文明遗址等，都可以利用数字化技术得到最大范围的保护和流通，给老百姓带来新体验。"

数字技术创新使得文化生产要素不断打散重组、实现优化，文化产业发展空间和前景越来越广阔。加上人工智能、AI 大模型等新兴科技的加持，抓住了数字文化，就抓住了文化产业高质量发展的未来。

"十四五"规划和2035年远景目标纲要将"实施文化产业数字化战略"作为重要内容,《关于推进实施国家文化数字化战略的意见》将"加快文化产业数字化布局"作为8项重点任务之一,数字技术推动文化产业发展的重要作用不断增强。

在此背景下,2022年末,由浙江省文化产业投资集团联合中央广播电视总台融合发展中心、人民日报智慧媒体研究院、中国文物交流中心、中国信息通信研究院工业互联网与物联网研究所、国科大杭州高等研究院、北京航空航天大学杭州创新研究院、中国电信股份有限公司杭州分公司、北京大成律师事务所、杭州溪塔科技有限公司共同发起的文化产业数字化新型基础设施——数文链正式上线。以文化数字资产交易为核心、以赋能文化产业数据要素流通和文化数据资源价值发现为使命的浙江文化产权交易所正式开门迎客。"数字化改革就像杠杆,撬动了文化领域的全面改革,也是对标'重要窗口'赋予文化领域的新要求,是提升文化软实力的必经之路。"浙江文化产权交易所董事长、总经理林文火说。

作为文化产业数字化新型基础设施,数文链围绕数字资产确权、流通、保护的业务闭环,推动文化数据资源向资产化、可流通、可交易方向发展。区块链技术的引入,给传统的"文化资源—文化生成—文化传播—文化消费"体系打开了全新的空间。在推动文化产业的模式更新上,数文链在数字版权、文化娱乐、游戏产业、文化旅游和非遗产业等领域发挥积极作用,使文化资源价值得到市场化释放;在推

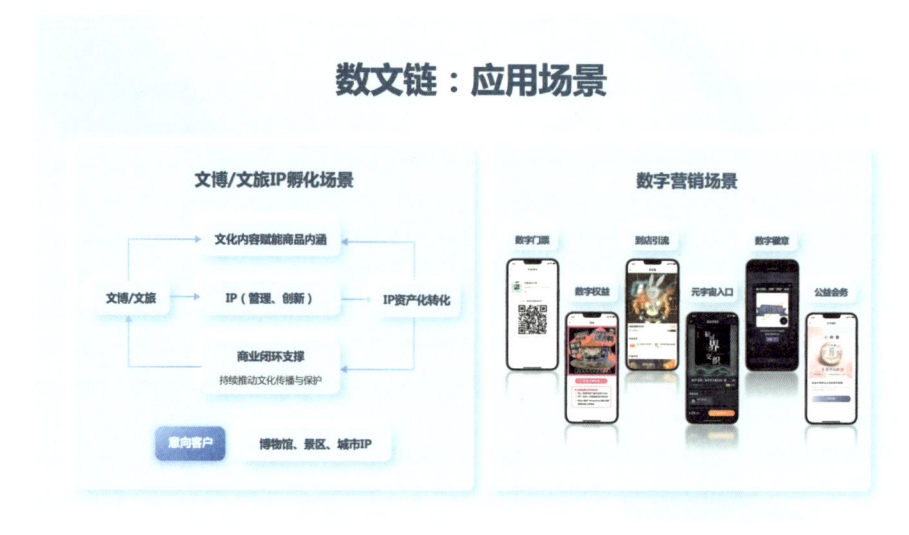

数文链应用场景

动"文化+金融"的深化发展上，数文链改变既有的文化金融供应链条，将文化数据资源转化为文化数字资产，通过资产报表优化补足文化产业"轻资产"短板，从而构建一个全新的文化金融服务体系；在推动文化消费的转型升级上，数文链改变文化消费的内容和模式，对调节文化新消费的供需起到了积极作用；在推动文化产业生产组织形式的变革上，数文链改变原有中心化管理模式，生产逐步由封闭式向开放式转变，法律确权、域内转化的传统存量挖掘模式也将转向以技术为保障的数据资产域外创新应用增量发现模式。

伴随着 Web3.0 和元宇宙等相关产业的兴起，区块链开始作为新一代基础设施发挥效能。世上有"链"千千万，为何数文链在文化产业领域脱颖而出？这和浙江文化产权交易所的不懈创新、持续探索分不开。

浙江文化产权交易所作为国内首个获批开展文化数字资产交易的产权交易所，在展业之初，即经过深入论证，构建起了目前国内唯一在运行的"在线登记＋在场交易＋在链交割"的数字资产交易体系。如果说"持牌"是主动合规，那区块链就是基础技术保障。"数文链与蚂蚁链、中钞络谱链等跨链互通是第一步。"浙江文化产权交易所副总经理张德君说。后续随着星火·链网（文化产业）骨干节点建设完成，数文链将面向浙江、长三角及全国的文化产业、机构，为内容链上确权、文化数字资产流通交易、文化内容分发模式的迭代升级提供基础支持。"在此基础上，数文链上的文化数字资产将得到最大范围的保护和流通，文化数字资产也将在区块链技术支持下，体现出更大价值，比如通过智能合约可以构建一个新型的市场信任机制，推动数字文化产业向标准化、规模化、可交易方向发展。"

数文链采用开放许可链架构，部署在云基础设施之上，采用微服务设计，支持公共服务组件"热插拔"，灵活支撑各类型数字资产业务持续创新，兼顾部署、运维、监管的便利性，支持可视化部署、可视化运维、可视化监管。在性能方面，依托当前主流的"陆羽"跨链协议，支持不同区块链之间的数字资产转移，满足了不同区块链之间数字资产互通的需求；在安全方面，采用哈希时间锁、跨链合约等技术，防止数字资产被盗、"双花"[①]或篡改，保护用户的利益；在操作方面，

---

[①] "双花"：一笔钱被花了两次或者两次以上，也叫"双重支付"。在数字货币系统中，由于数据的可复制性，使得系统可能存在同一笔数字资产因不当操作被重复使用的情况。

通过标准接口的封装，屏蔽了底层区块链技术的复杂度，使接入的操作简单便捷，用户可以轻松上手，快速完成对接；在效率方面，支持数字资产秒级转移，赋能用户业务开展。目前，数文链已成为当前国内实现跨链互通最多、数字资产流通共识圈最大的区块链之一。而这些链上的数字资产，都能在其"大本营"——长三角文化数字资产交易平台上进行合规交易。

推动文化数据从封闭走向开放，让沉睡的文化数字资源在数文链上得到确权、流通和保护，建立多人参与的信任网络，数文链正逐步成为推动生产力发展的新要素。

此前，浙江文化产权交易所联合上海、安徽等地的文化产权交易所，基于数文链底层技术打造的长三角文化数字资产交易平台，也是国内首个依托数字资产在线登记、在场交易、在链交割一体化核心系统搭建的交易平台。交易平台旗下数字音乐板块"乐数通"，通过"版权+"音乐与文化数字资产交易相结合的模式，将原创音乐数据资源资产化，不仅为创作者提供宣发新平台和变现新渠道，激活私域流量，也为消费者带来了全新的消费体验。除了"乐数通"，交易平台还相继推出了"数缘""数链"和"数文易肆"等多个子应用，涵盖了音乐、文创、体育、文旅等多个文化领域。平台上线仅半年时间，交易额超2.2亿元，用户数近300万——其中个人用户数量远超机构数量，构建起了文旅消费新模式，拓宽了数字营销新渠道，切实助力传统文化产业数字化发展。

值得一提的是，在杭州亚运会期间，浙江省文化产业投资集团作为官方知识产权保护服务供应商，借助数文链上的"版权桥"应用，对亚运会主题物料进行实时监测，圆满完成杭州亚运会、亚残运会期间的版权保护工作，为浙江乃至全国数字版权产业发展打造了一块金字招牌。

除了平台交易，西泠印社出版社、上海人民美术出版社、江苏凤凰出版传媒集团等文化企业也依托数文链技术进行数字资产化业务探索实践，实现了文化生产、文化交易的数字破冰。"我们的宗旨就是以技术赋能—模式升级—产业变革的路径，助力数字文化产业新业态发展。"张德君说，"数文链的社会价值远高于商业价值。"

自上线以来，数文链坚持数字资产核心价值在于与相应的实体权益绑定，从而形成实际价值，助力实体经济；杜绝将数字资产作为金融工具、金融产品进行投机炒作。数文链获2023年星火杯"最具商业价值"振兴奖，入选2024年数商典型应用场景"乘数榜"；长三角文化数字资产交易平台入选2024年浙江省推进长三角一体化发展第三批最佳实践名单；"版权桥"获2021年浙江省文化产业优秀创新案例、2022年浙江数字贸易创新应用优秀案例一等奖。

展望未来，数文链将继续为国家文化大数据体系建设提供牢固的底层技术支撑，并从产业应用端发力，进一步拓展影视、文学、文博、工美等领域的上链服务，为数字内容发行方、数字内容运营方、数字资产交易服务方，乃至广告营销公司和品牌方等，提供全链路的文化数字资产服务。"我们期待数文链能推动数字文化行业的标准建立，构建更加有序的市场环境。"林文火说。

**点评 董颖：**

数字化浪潮正席卷全球文化产业，区块链技术作为新一代基础设施，正在重塑文化资源的生产、传播和消费模式。数文链的创新实践，不仅开辟了文化资源数字化的新路径，更是引领了文化产业数字化转型的新方向。本案例阐述了数文链在推动文化产业数字化转型中的卓越表现，展示了区块链技术在文化领域的创新应用和深远影响。

首先，数文链作为文化产业数字化新型基础设施，是文化与科技深度融合的成功范例。该平台通过区块链技术实现数字资产的确权、流通和存管，成功解决了文化资源数字化过程中的诸多难题，提高了文化产业的数字化水平和市场化程度。这一创新举措不仅优化了文化产业的生产模式和传播方式，还为其他领域的数字化转型提供了借鉴。

其次，数文链在推动文化产业创新发展方面的探索和实践，极大提升了文化资源的价值释放能力和文化消费的体验。从长三角文化数字资产交易平台的建立，到版权保护、数字音乐等多个子应用的推出，数文链展现了强大的技术创新能力和市场应用潜力。这种基于区块链的文化产业新模式，为全国文化产业的数字化转型和创新发展提供了有效的解决方案。

综上，数文链作为文化产业数字化领域的先行者，随着其应用范围的不断扩大和技术的持续优化，推动了我国文化产业的高质量发展和文化软实力的提升，其创新实践也为全国乃至全球文化产业数字化转型提供了可借鉴的成功经验和启示。

政府应用创新

## 实景三维"复刻"一座立体城市

李晓旭　王超 / 文

在虚拟与现实交织的 2024 年,我们见证了《黑神话:悟空》中绝美中国古建的惊艳"出圈",不禁遐想:若整个城市的面貌也能被如此细腻地"复刻"进电脑,那将是怎样的一番景象?

随着科技的进步,这一梦想在浙江正逐步变为现实。

在浙江省测绘科学技术研究院(简称省测科院)工作人员的电脑里,有一份超大的杭州地图,它不是平面的,而是三维立体的。随着画面的不断放大,奥体中心"大莲花"和杭州之门的细节清晰可见,甚至建筑物上的门牌号也能一目了然。这种对现实建筑的直观感受,得益于实景三维技术的运用。

什么是实景三维技术?省测科院基础测绘中心实景三维所工程师王艳解释,以往,传统测绘只能基于二维平面来描述和表达客观世界,而实景三维则是运用数字化技术,将周遭的一草一木、一砖一瓦,以难以置信的精度巨细无遗地"复刻"于电脑屏幕之上,在数字虚拟世

025 / 政府应用创新

界建造出一座与现实一模一样的城市。

凭借这项技术,浙江着力打造实景三维浙江。早在2021年,《浙江省基础测绘"十四五"规划》便圈出了"实景三维"这个关键词,要求在三维浙江地理实景建设等领域形成重大标志性成果。按照省自然资源厅统一部署,省测科院一步步将"所见即所得"变为了现实。一座座"云端之城"在浙江拔地而起,成为实景三维浙江最生动的注脚。

亚运三馆、世纪之门(实景三维)

"随着实景三维技术的不断发展和应用,这种技术不仅可以更直观地了解和感知城市的每一个角落,还极大地提升了城市管理的效率和精准度。"王艳进一步介绍,实景三维技术作为时空基底,能够广泛应用于数字政府、数字经济、数字社会、数字生态文明、数字文化等领域。

在实景三维技术与各行各业的深度融合下,一场科技活力的迸发悄然上演。

在自然资源领域,严守耕地红线是一项重要职责。以往的耕地保护更多采用的是"人防"的田长制,在科技飞速发展的今天,省测科院通过借助实景三维技术,为耕地保护插上了"技防"的翅膀,织就了一张更加严密、智能的监控防护网。

如何应用"技防"?简单来说,即技术人员通过实景三维数据进行视域分析,能够精准计算监控耕地的铁塔摄像头可视覆盖范围,随后优化布局铁塔建设,用自动监控的方式来保护耕地。

浙江多山且地貌复杂,"七山二水一分田"是对其自然条件的经典表述。"在浙江这样容易被遮挡的地形条件下,用以往二维数据计算出的覆盖范围和实际会有较大出入。"王艳解释道,"用实景三维数据监控,则能够充分考虑到地形的起伏变化,对摄像头进行更为真实的模拟,确保监控无遗漏。"

实景三维的应用范围远不止于此。2024年1月1日《无人驾驶航空器飞行管理暂行条例》正式实施,低空经济首次被写入政府工作报告，一个全新的经济形态正加速融入生产生活。在这一领域，实景三维同样被频繁提及，并大显身手。

想象一下未来，当无人机送外卖和快递不再是新鲜事时，如何在错综复杂的城市空间中，确保飞行器与建筑物之间、飞行器与飞行器之间互不相撞、有序航行？

"以往大家只聚焦地面，现在则会将目光投向了更为广阔的纵向空间。在低空经济中，实景三维能打破以往二维平面图的局限性，提供非常翔实的空间三维数据，从而有效规划低空飞行器的安全飞行路径，实现效率与安全两手抓。"王艳说。

从耕地保护的智能化升级，到低空经济惠及百姓生活的生动实践，在数字化浪潮与绿色转型的双重驱动下，浙江省正以前所未有的决心与力度，将实景三维技术深度融入经济社会发展的方方面面，为这片充满活力的土地注入一股强劲的科技新活力。这不仅是一场技术的革新，更是对未来生活方式的深刻重塑。

2024年8月11日，中共中央、国务院印发的《关于加快经济社会发展全面绿色转型的意见》发布，对加快数字化绿色化协同转型发展作出部署，为实景三维中国建设与时空信息赋能应用指明了方向，也为浙江省在这一领域的探索与实践提供了强有力的政策支撑。

省测科院相关负责人指出，在自然资源管理、国土空间规划、城市综合治理、公安应急管理等关键场景中，实景三维地理信息服务已成为政府科学决策、社会经济发展和城市治理不可或缺的数字化支撑。

以杭州萧山为例，全域覆盖的实景三维模型不仅为杭州亚运会的成功举办提供了坚实的安全保障，更彰显了浙江省在三维地理信息建设领域的领先地位。

同时，地理信息数据作为现代社会发展的重要资源，其价值日益凸显。实景三维技术不仅丰富了地理信息数据的维度与深度，更为未来数据要素产权交易提供了坚实的保障。以2022年建成的杭州西站为例，通过实景三维技术，印在杭州西站不动产权证上的宗地图不再是二维的平面图，而是三维立体的空间图。这也是浙江省发出的首本"地上空间建设用地三维不动产权证书"。

展望未来，省测科院将继续深耕实景三维技术领域，积极探索具有浙江特色的技术路径与应用模式。通过3D打印、混合现实（MR）等先进技术的融合创新，省测科院致力于让实景三维技术更加直观、可触可感，让"智绘"的触角延伸至更广阔的领域，为人们的生活带来更加便捷、智能的变革。

在"浙"片充满希望的土地上，实景三维技术正以其独特的魅力与力量，绘制着未来新图景的无限可能。

**点评 季辰玺：**

实景三维作为真实、立体、时序化反映和表达人类生产生活生态空间的时空信息，是国家重要的新型基础设施，通过"人机兼容、物联感知、泛在服务",实现数字空间与现实空间的实时关联互通。

实景三维关联国计民生众多的应用场景,可以说它全面复刻着我们生活的社区、街道、城市、国家的每一寸空间。它涉及地灾监测、国土管理、民生诉求,未来必将对社会治理、人民生活产生巨大的影响。

从耕地"智"保,到助力低空经济"飞"到百姓身边,本案例为我们描画了省测科院正致力于建设的实景三维系统,不但能刻画出既虚拟又真实的数字空间,还能为"浙"片土地注入科技新活力。

中共中央、国务院在 2024 年 7 月印发的《关于加快经济社会发展全面绿色转型的意见》,对加快数字化绿色化协同转型发展作出部署,并明确提出推进实景三维中国建设与时空信息赋能应用。相信随着国家相关政策的落实推进,随着省测科院等一大批研究机构的加快探索,实景三维的应用将在赋能经济社会高质量发展中发挥作用。

## 危险货物道路运输，"浙运安"让安全治理效能提升

赵阳　张帆　秦虹光 / 文

"您已超速，请减速慢行。"2024年5月31日20时25分，一辆车牌尾号为721的危险货物（简称危货）运输车辆在G1522常台高速沽渚枢纽某段匝道行驶，行驶速度为每小时63公里，已超过路段每小时40公里的限行速度，车载设备立即向危货运输驾驶员发出语音报警。驾驶员听到车载设备发出的警报，立即踩刹车，将行车速度缓慢降下来，直至减为安全行车速度。

一次危货运输车辆超速行驶被实时、精准监管，一场有可能发生的危化品运输事故消弭于无形。

这是短时间内通过对驾驶员进行语音提醒、纠正驾驶员不当行车行为的真实场景，而"指挥"这辆危货运输车辆规范行驶的，正是浙江省交通运输厅创新打造的"浙运安"危险货物道路运输智控应用平台（简称"浙运安"平台）。

浙江交通以提升更加实时、更加精准、更加闭环的治理服务为目

标，着重系统性提升危化品运输安全治理能力，创新建立"大数据＋网格化＋全链条"闭环管控机制，架构"1+1+5+X"的总体框架，即打造1个智控大脑，推出1套安全码，构建全路段精准限速管理、全方位隐患排查管理、全环节装运卸管理、全覆盖省内外车辆管理、全链条部门协同管理五大应用模块，建立X个区域特色数字化场景。

"'浙运安'平台自2020年9月30日上线以来，通过'一码三闭环'的管控机制，逐步实现了对危货运输车辆的实时、精准监管，有效提升了我省危货道路运输安全治理效能。"浙江省公路与运输管理中心货运处相关负责人介绍，"截至2024年5月，'浙运安'平台在全省推广应用，并实现了四个100%：全省2万名危货运输驾驶员安全码100%覆盖；1.6万辆危货车辆100%实现全路段精准限速管理；650余家运输企业100%应用，落实分级分类监管；31家港口装卸货企业100%覆盖。此外，重点生产源头企业覆盖率98%以上。"

"浙运安"平台的建设发展，并非一蹴而就。

浙江是化工产业大省，也是危货运输大省。根据浙江省交通运输厅摸底数据统计，截至2023年12月，全省有危货运输企业653家，危货车辆1.65万辆（含挂车约2.67万辆），危货驾驶员约2万人，年运输量约1亿吨，每天约1.6万辆省内外危货车上路行驶。"相当于1.6万颗不定时'炸弹'每天在路上移动"，该负责人用一个形象的比喻，表明了行业管理部门对危货运输安全治理承担的安全风险极高，监管压力巨大。

"特别是2020年'6·13'沈海高速温岭大溪段槽罐车爆炸事故，教训惨痛。"这也给行业管理部门敲响了警钟，提出了更高的治理要求。

当时，浙江交通运输部门坚持问题导向，全力调查分析事故发生原因，梳理出五方面影响危货运输安全的全国共性难题：一是驾驶员超速等违规行为难遏制。在"浙运安"平台上线之前，受限于原有的监测技术，限速值在80公里每小时的路段，危货车辆的超速行为很难被发现。事实上，不同路段的限行速度要求有很大差别，如匝道的限行速度多为30到40公里每小时，普通公路限行速度最高不超过60公里每小时，"一刀切"的监测技术对危货车辆行车安全监测存在较大漏洞。"之前（'浙运安'平台上线前），全省危货车辆日均超速次数达2.3万次（平均每车每日超速1.5次）。"二是"两外"车辆管理难覆盖。行业管理部门原有监管以省内本地车辆为主，对近700辆长期在省外经营的我省车辆，以及外省在我省异地经营的车辆，缺少有效的监管手段，亟须消除监管盲区。三是挂靠经营历史顽疾。部分企业对挂靠的车辆、人员及业务等管理较为宽松，流于形式，安全风险大。四是全程管理不闭环。运输仅仅是危货全生命周期的一个环节，运输安全依赖源头装货、卸货等全链条各环节的责任闭环。五是部门协同乏力。危货运输涉及部门多，没有真正形成全链条常态化监管合力，造成监管短板和盲区。

针对以上共性难题，平台通过流程再造，制度重塑，创新推出"一码三闭环"核心管控机制，全国首创驾驶员安全码，实现人车企全要素闭环，装运卸全过程闭环，多部门全方位监管闭环，为全国危货运输管理提供了浙江方案。

"抓住驾驶员这一关键要素，实行'亮码上岗''扫码作业'。"该负责人介绍，基于驾驶员作业行为、违章情况等20余条规则，"浙运安"平台整合五大功能应用场景中有关驾驶员的行为数据，每天进行风险评估计算安全积分（百分制），并对应生成蓝（80—100分）、黄（60—79分）、红（59分及以下）三色码。蓝码正常从事危货运输，黄码限制从事危货运输，红码禁止从事危货运输，并脱岗培训3天以上。

"当然，安全码可以'回血'。"积分在60分以上，驾驶员只要做到连续十天内不产生新扣分，安全码积分就会增加5分；积分低于59分，成为"红码"，需接受3天以上脱岗安全培训方可转黄码。

"这些规则也是在实践过程中，先后多次与企业、驾驶员、押运员座谈交流，并根据实际情况，不断优化调整形成的，确保实用、管用，最大限度提升企业和从业人员的安全意识，遏制超速、疲劳驾驶等违规行为。"该负责人介绍，对驾驶员采用赋码管理，对车辆实施全路段精准限速管理，对企业实施分级分类监管，按季度进行安全动态等级评定，同时针对动态监控实施异常线索闭环留痕管理，实现异常线索线上发现、处置、核查的管理闭环，压实动态监控主体责任。

"浙运安"平台首创并全面推广了"一单四状态"，打通源头装卸环节，源头企业务必查"扫码作业"，杜绝人车货不符。

打开电子运单，可以看到，每笔运输业务细分为发车、装货、卸货、结束四个节点。驾驶员在每个节点进行实时打卡，系统自动记录打卡时间、位置，通过对电子运单填报的装卸货位置、车辆卫星定位位置以及驾驶员打卡位置进行三合一比对校验，实现业务的透明化管理。截至 2024 年 5 月，浙江省内重点生产源头企业与"浙运安"平台互联率达 98%，扫码作业率达 99%。

"浙运安"平台还打通了部门壁垒，交通、公安、应急、生态、市场、消防等 6 个部门协同，打造了源头管控、联动审批、罐体监管、一键报警等 9 个协同场景。

值得称道的是，"浙运安"平台集政府管理平台、企业运营平台、从业人员工作平台于一体，建立了融合工作体系、技术体系、服务体系等于一体的实体化运行机制，解决系统与实际工作、服务融合不深，无法真正发挥实效的问题，形成"7×24 小时保障机制"。有效推进了危货道路运输监管方式的优化和监管效果的提升，逐步实现了从"事后管理为主"向"事前、事中、事后全过程管理"转变，从"粗放式"管理向"精准化"管理转变，从"分散式"管理向"联动闭环"管理转变，显著提升了行业监管水平。

数据显示，2020 年 9 月 30 日至 2024 年 6 月，安全码申领人数已达 9 万余人，共产生 787 位红码驾驶员、3144 位黄码驾驶员，通过落实作业限制，显著提升了驾驶员安全意识，特别是有效加强了对超速等违规行为的管控，危货驾驶员日均超速线索数较平台上线前下降了 96%。

2023 年，全省危货运输行业亡人事故和死亡人数，相比系统上线前分别下降 72% 和 90%，有效保护了人民群众的生命和财产安全。

"下阶段，我们将推动'浙运安'平台向智慧化监管方向迭代升级，同时加快推进向'两客'和重载普货领域拓展，并积极推动长三角三省一市开展跨区域共建合作。"该负责人表示。

## 点评 郭爱芳：

"浙运安"平台的创新实践为全国危货运输管理提供了领先示范。

首先是创建了"大数据＋网格化＋全链条"闭环管控机制。"浙运安"平台打造了一个智控大脑，推出一套安全码，构建全路段精准限速管理、全方位隐患排查管理、全环节装运卸管理、全覆盖省内外车辆管理、全链条部门协同管理五大应用模块，建立 X 个区域特色数字化场景的"1+1+5+X"的总体框架，系统性提升浙江省的危化品运输安全治理能力。

其次是全链条闭环管理。该平台通过流程再造和制度重塑，引领了"一码三闭环"管理模式的全国首创，涵盖了人车企全要素闭环、装运卸全过程闭环以及多部门全方位监管闭环。特别是驾驶员安全码的引入，为驾驶员行为提供了量化赋码管理，同时车辆限速和企业分级分类监管的实施，进一步增强了监管的精准性和时效性。"浙运安"平台的"一单四状态"功能，从源头到运输再到装卸，构建了一个完整的业务流程闭环，确保了运输业务的透明化和可追溯性。此外，通过打通交通、公安等关键部门的数据壁垒，实现了跨部门的协同监管，创新性地构建了联动审批、一键报警等协同场景，极大提升了监管的效率和响应速度，为危化品运输安全治理树立了新的标杆。

"浙运安"平台的创新实践为全国乃至国际社会在危化品运输安全管理方面提供了一套具有参考价值和复制潜力的浙江方案。未来，数据赋能将成为危化品运输安全治理的重要方向。浙江省作为国内危化品运输的关键枢纽，其在利用数据赋能提升运输安全管理方面的先进做法，无疑为全国乃至全球的危货运输管理提供了值得学习的范例。

## 智慧客服中心，如何链接美好出行

赵阳　张帆　罗俊峰 / 文

"原来乘坐温州 S1 线（简称 S1 线）这么简单便利，对我们老年人来说真的太友好了！"2024 年的一天，家住温州市瓯鹿幸福里小区的吴老伯经常往返瓯江口的医院去复诊腿疼的老毛病。吴老伯 68 岁了，原本担心乘坐 S1 线太复杂，始终坚持公交出行的他，这天"冒险"坐了趟 S1 线，正是这一次的体验刷新了他的认知。

在工作人员的指导下，吴老伯体验了智慧客服中心"智能问询"功能，智能语音导航让他轻松了解到自己该往哪个方向乘车。屏幕上的"出行指南"和"运营咨询"功能里，还能查看当天车站的首末班车时刻表和目的地换乘信息。最让他点赞连连的，还是"刷脸过闸"功能，因为已经满足优惠乘车的票务政策，工作人员帮他开通人脸识别功能，以后进站乘车不仅免费，而且刷脸就能进站。"以后出行再也不怕忘记带卡了，比想象中方便得多！"吴老伯非常高兴。

与吴老伯不同，让上班族林女士感受最深的则是智慧客服中心的自助服务功能。"别看这地方不大,功能却不少,我在这机子上借过伞、拿过口罩,还自助开过发票,借雨伞甚至不用押金。"对林女士来说,这方小小的天地,如今已成了她通勤路上的心灵港湾。"每一个环节都体现了对乘客需求的深刻理解。这样的服务不仅提高了出行效率,更让我们感受到了科技带来的温暖和关怀。"林女士期待未来能有更多功能拓展,让大家出行更加便捷无忧。

为满足公众高品质一站式轨道交通出行需求,解决传统客服中心利用率不均衡、服务体验效果不佳等问题,2023年以来,浙江省轨道交通运营管理集团有限公司下属浙江幸福轨道交通运营管理有限公司(简称幸福轨道公司)以数据要素为支撑,围绕"服务智能化、运营经

温州轨道交通S1线智慧客服中心

营化、管理数据化"目标，集成10项票务处理功能和20项服务举措，打造全国首家集自助票务处理、智能交互、智慧便民服务于一体的无人智慧客服中心，目前已建成投用9座。"自智慧客服中心投用以来，累计服务超20万人次，自助使用占比超75%，得到国内外乘客的一致好评。"幸福轨道公司党委书记、董事长唐明辉说。

过闸机时无须掏手机，只需刷脸即可通过；开具发票，智慧客服中心点点手机就能领取；公交接驳时间不确定，看看屏幕上的动态信息就能了然于心……如果说精品化服务提升的是乘车体验，那么智慧化的全面升级则是对轨道交通出行方式和效率的一次变革性重塑。"在乘客选择交通方式时，效率一直是最先考虑的因素。只有让轨道交通出行的效率不断提升，才能够让更多的人愿意搭乘。"唐明辉介绍，2023年以来，幸福轨道公司全面推进"智慧车站"建设，以数智化赋能服务变革升级。

智慧客服中心以"智能设备"为载体，让数据实现与车站票务系统、清分中心系统、云票务系统接口互通，集成票卡处理、自助购票、自助补票、电子发票等票务处理功能和智能问询等服务举措。通过语音交互、数据交互实现数字化、智能化和自助化，在车站管理、服务提升等方面重点发力，改变传统现场服务模式，为乘客提供更为便捷舒适的出行体验。

特别值得一提的是，智慧便民系统将智能交互模块进行结合，乘客通过智慧便民平台操作可自助取用和归还便民服务柜中的物件。针对每一项服务举措，均单独设置了服务路径，并且在车站机房设置服务器，以保障整个环节的安全、高效、便捷。如幸福雨伞借用，设计通过手机验证码的形式对一借一还进行闭环管理；幸福药箱等需要工作人员的协办情景，设计通过点击需求按钮的形式，由后台提醒工作人员第一时间到达现场确认并提供服务；将提供老花镜等服务归为"自助取用类"，乘客可自行取用。该功能为幸福轨道公司自主创新板块，在行业内属首创。

"智慧客服中心的建成，打破传统服务模式固化、形式呆板的观念，扩大服务范围，解放固定点位服务人员，实现客服与厅巡的岗位效能共享。工作人员由人工客服改为站厅巡视，随时关注站厅一切异常状态，可有效预防携带大件行李乘客、老弱病残孕等特殊乘客群体乘坐电梯受伤或者滑倒事件发生，更好发挥应急处置的作用。已正式投用智慧客服中心的车站，可做到配置人员的整合优化和扶梯客伤的有效预防，实现客伤率下降74%。"唐明辉介绍，公司自主设计智慧客服外观，研发设备定制及逻辑算法，智慧客服中心项目获得国家知识产权局颁布的"开放式智能客服工作台"外观设计专利，获得社会各界的广泛认可，乘客满意度得到全面提升。

幸福轨道公司以智慧客服中心为载体，解决传统模式下的服务举措分散、乘客借取不便、等待较长等问题。以数字化技术提供全过程服务，实现车站由"1对1"服务向"1对4"服务模式转型，将不同人群的多元化需求与特殊人群的个性化服务需求有机结合，收集运营数据，精准分析乘客服务需求。"智慧客服中心投入使用后，较原客服中心效率提升 57%。在专项乘客满意度测评中获得 9.7 分的高评价。"唐明辉说，智慧客服中心还有效解决工作界面频繁切换、原始数据记录错误等问题，大幅提升工作精准度，日均服务人数较原客服中心增长 67.48%，票务和服务数据准确性达 100%。

同时，幸福轨道公司深入探索"运营"转"经营"，推动运营模式转型。智慧客服中心带来的现场服务新模式，能有效促进人员优化和岗位整合。"等 21 座老式客服中心改造完毕，每年将节约人力成本 1040 余万元，预计 3 年覆盖建设及维护成本。设备寿命按 10 年计算，收益期将达到 7 年，收益近 7300 万元，综合效益明显。"唐明辉算了本账。

智慧客服中心具备可复制性和规模化推广应用的价值。目前，浙江省轨道交通运营管理集团有限公司旗下的杭海城际铁路正计划建设智慧客服中心。同时，还受到了主管部门及省内外同行的关注。唐明辉进一步解释，若推广到全省甚至全行业，有望为全国轨道交通数字化转型升级和降本增效提供高品质样本。

未来，围绕"服务数字化、运营经营化、管理数据化"目标，除持续深度挖掘服务数据、打通运营数据流之外，幸福轨道公司将聚焦老人、儿童等特殊群体的服务需求，进一步拓展数智化设备在轨道交通的应用场景，打造"智慧车站"标杆，不断提升乘客出行满意度及运营服务品牌的核心竞争力。唐明辉表示，"智慧客服中心的投用必将在数据要素价值充分激发中链接美好出行,以实效蹚出一条人民满意的交通建设新路子"。

**点评 吕海萍:**

  幸福轨道公司智慧客服中心的建设,体现了数字化技术在城市交通管理中的创新应用和影响力,也为全国轨道交通服务的智能化升级提供了有力的示范。

  从技术驱动观察,智慧客服中心结合智能设备和数据技术,与票务系统无缝对接,实现了票务处理、智能交互和智慧便民的一体化服务。这一智能化服务举措减少了人工干预,却提升了服务精准度,彰显个性化,满足了从老年人到上班族等不同乘客的多元化需求。

  从管理创新观察,智慧客服中心以数据驱动运营转型,利用数据要素推进运营经营化和管理数据化,不仅有助于提升服务的效率,及时调整服务策略,还能通过数据分析精准满足乘客的需求,优化客户体验,并为轨道交通服务的持续改进提供数据支撑。

  从价值实现观察,智慧客服中心在提升乘客满意度的同时,展现了显著的经济效益,取得了经济效益和社会效益的双赢;既节约了人力资源,也提升了工作效率,实现了成本节约和服务质量提高的双赢。此外,如果这一先进的服务模式能推广到全国乃至全球范围的其他城市和项目中,将为城市交通管理和服务水平提升树立新的标杆,增强社会效益。

## 太乙：交通态势预测，让高速公路更聪明更畅通更安全

赵阳 张帆 王缘 / 文

"以前情报板只能提示前方有事故，不能提示具体在哪条车道，现在能精确到哪条车道，让我们驾驶员有提前准备的时间，开车安全多了。"司机张师傅说。2024年6月的一天，一辆浙D号牌的小型轿车行驶在沪杭甬高速公路上虞盖北镇上方时突发紧急停靠，道路感知系统在5秒内主动发现异常情况，然后通过"杭绍甬云"智慧大脑迅速制定并发布管控策略，大大降低了追尾等二次事故风险，减缓路段拥堵情况。事件背后正是太乙数据预测平台（简称太乙）等技术在"杭绍甬云"上的运用，让高速公路有了会思考决策的"最强大脑"，从而实现主动管控。

太乙，是中国古代哲学概念，也是术数学的重要流派。近年来，浙江高信技术股份有限公司（简称浙江高信）深度挖掘数据价值，成功将预测应用在高速公路交通管理中，打造太乙，有效推进了高速公路交通管理实现从依靠经验决策向依靠数据分析的转变，助力高速公

路运营公司降低运营成本、提高管理精准度，进而实现降本增效的目的。

高速公路的实时科学管控决策，是路网运行监测和异常事件处置业务的重要环节。"现有的高速公路管控主要凭借交警经验，通过人工下发高速公路交通流管控措施，效率低下，且效果不佳，难以改善高速公路的交通流运营状况。"据浙江高信云研究院院长王加义介绍，太乙以交通流状态预测为手段，对高速公路运行状况的演化规律进行准确推演，以有无管控措施、多种管控手段组合的条件对交通流拥堵情况的演变进行预测，从而评估不同管控方案的有效性，为管理决策人员下发管控策略提供建议和帮助。

目前，太乙重点面向交通运营、交通运输、交警等单位，被用于宏观交通分析预测、道路规划、施工组织、道路安全管控和异常预警。"浙江高信自主研发的太乙数据预测，不仅为杭绍甬智慧高速公路提升了决策的科学性，也为运营管理的全面发展注入了新活力。"浙江交通集团杭绍甬高速公路软件项目负责人表示。

大量的数据分析能够提高交通状况预测的精准度。太乙多源融合覆盖全路网范围的ETC通行数据、海量互联网地图路况数据、雷达数据、管控平台事件数据等，形成了强大的全国路网交通数据库，达到了对交通流状态，包括流量、速度、车型、起讫点等海量数据的分钟级、百米级输出能力，形成了表征交通流状态的基本参数集合，能够以数据服务的形式，科学支撑大体量、多维度业务管控策略。

高速公路大流量引起的长时间、长距离拥堵严重影响通行效率，易诱发交通事故，增大应急救援难度。均衡路网交通流量、提升路段和节点的通行效率一直是近几年金华高速交警的工作方向。

在金华"一路三方"管控平台建设过程中，金华高速交警也利用太乙的预测能力，对金华高速及周边路网易发生拥堵的点段和时段进行提前预判。实时态势下，通过整合互联网地图实时交通拥堵信息，平台能够实时监测路况，包括拥堵发生的具体桩号范围、拥堵长度、当前拥堵区域的平均速度，以及基于历史数据分析预测的拥堵持续时间。数据分析提供了全面的交通流量监控视图。当交通流量超过设定阈值时，系统会自动发出预警，同时，系统推荐相应的交通管控方案建议，展示有无管控建议下的营运指标对比。

数据驱动预测模块下，系统利用数据分析技术和机器学习算法，通过综合考虑实时交通数据、历史路况信息、事件信息、天气条件等多种因素，对未来15到60分钟内的路况演化过程进行精准预测。"这一过程不仅涉及当前拥堵情况的分析，还包括对未来短期内可能发生的变化趋势的推演，这为管理部门提供了一个动态的、具有前瞻性的路况监测与预测工具。管理部门可以更加主动地应对即将发生的交通拥堵，对调整交通管控措施具有重要意义。"金华交警支队的一名民警表示。

通过"一路三方"平台建设，金华高速交警也能够与相邻地市高速大队及路网内其他应急联勤部门通力协作，基于太乙的管控仿真推演、流量预警溯源、收费站等管控决策三类应用，全链掌握运行状态，全息感知态势变化，做到提前预测半小时、事件预警零延迟、下发指令快一分。

太乙基于微观交通仿真技术，具有精准的交通态势推演能力。例如，杭绍甬高速公路基于交通仿真技术搭建"智控"平台中的仿真预测功能，通过对交通流的分析，预测未来 60 分钟道路拥堵等潜在的交通运行风险，同时主动采取交通管控措施，降低事故发生概率。当异常事件发生时，平台智能匹配分车道限速、收费站入口管控等多种策略，并自动调配处置资源，实现对事故地点前后主线、收费站等设施的一体化自动联控，有效提升主动管控效率，降低二次事故发生率和主线交通管制时长。

再如，"以往路面施工、交通管制等事件对交通流带来的影响往往是组织者凭个人经验进行分析预判，准确性不高、实时性不强，不能为施工、管制方案的制定提供可靠依据，往往给后续的现场安全管理增加很多困难。"王加义介绍道。现在浙江交通公路部门利用高速 ETC 数据演示平台，提前根据事件的具体形态，预判该事件对交通流造成的具体影响，制定相应的管控方案，并根据交通流变化实时优化调整。以施工现场管理为例，从以往的"凭经验值制定方案—静态管理—固定勤务模式"转变为"精准预测制定方案—动态监测—动态勤务模式"，最大程度保障路网畅通。

针对高速公路 ETC 门架断面和收费站出入口，该平台还提供了实时流量监控与未来流量预测功能。通过实时采集 ETC 门架和收费站的车流数据，算法模型能够精准预测未来几小时至一天内的流量变化趋势。在提出交通管控建议后，平台通过仿真预测进一步推演路况的演化过程，该过程基于实时交通数据、历史路况信息以及管控建议的具体内容，利用先进的仿真模型模拟管控措施实施后的路况变化。通过这种仿真预测，管理部门可以直观地了解到各项管控措施可能带来的路况改善效果，从而优化调整管控策略，显著提高管理效率和通行安全性，有助于提升人民出行满意度。

**点评 周佳：**

2023 年 5 月 17 日，在第十二届（2023）中国智能交通市场年会上，浙江高信正式发布了自主研发的高速公路实时管控决策平台——"太乙"，通过历史推演、实时仿真和未来预测实现高速公路交通的"智决策"。

本案例生动展示了太乙的实际应用现状：

利用交通大数据，综合考虑历史路况、事件信息、天气条件等因素，进行交通流状态预测和高速公路运行情况的准确推演；通过与浙江省交通运营、交通运输、交警等单位的协同合作，搭建杭绍甬"智控"平台、金华"一路三方"平台，利用数据预测技术进行宏观交通分析预测、道路规划、施工组织、道路安全管控和异常预警等，有效提升交通拥堵应对效率，降低二次事故发生率。

浙江高信一直致力于成为国内领先的"数字化转型一站式服务商"，为智慧交通、智能轨道、航空航运、智慧城市和数字政企领域提供专业化的解决方案，智能产品和数据应用等。随着人们对出行便利、安全、智慧的更高期待，相信未来的"太乙"在交通领域会进行更多的"智决策"技术探索，提供更丰富的应用成果。

## 浙闸通，"一站式"的浙里畅航

赵阳 张帆 罗俊峰／文

2024年盛夏时节，行驶在浙江航区，船老大们只需要简单的手机操作，即可快速完成过闸申报手续。"以前每过一个闸都要安装一个App（应用程序），用起来麻烦。现在好了，不管过几个闸，一个浙闸通App就搞定了。""浙萧山货25168"船主齐荣跃开心地说。他一年到头大部分时间都在船上度过。以前在浙江省内就需要过两个闸口，每次都要在闸口处停靠，拿着证件上岸缴费办手续，一套流程下来至少得20分钟。"特别是夏天，天气太热了，有的闸口你靠岸了还得绕一大圈才能到服务大厅，又累又热。现在手机操作非常方便，能省去不少麻烦，过闸口的速度也明显变快了。"

对航运公司来说，浙闸通App的意义更为重大。浙江钱江航运有限公司总经理俞先生表示，这款App提供了各地船闸的实时动态，包括水位数据、闸口通行数据等，这让他们能合理制订航运计划、有效调度公司里的货船，也能最大限度保证船只的安全。"营商环境更好了，这对我们来说是实实在在能看得见的效益!"

"之前,仅在钱塘江和杭甬运河就存在 6 套过闸调度系统、5 个过闸 App。各地船闸过闸系统相互独立,形成信息孤岛,无法实现高效科学的联合调度。"浙江省港航管理中心相关负责人感触颇深,船户每过一闸都要多次停船上岸,到窗口办理各种手续,效率低下,且增加了船户过闸申报成本。

为破解行业治理痛点,进一步优化水上交通营商环境,2019 年,浙江省交通运输厅聚焦大数据和水运交通深度融合,由浙江省港航管理中心牵头组织,明确杭州交投船闸管理有限公司具体实施开发浙闸通平台,全力推进全省骨干航道所有船闸过闸 App、数据库、过闸调度系统的整合,为船户提供"一键式"过闸服务。截至 2024 年 6 月 12 日,浙闸通 App 累计下载次数超 16000 次,注册船舶数超 6300 艘,日活跃数 2000 艘左右,平均每日使用浙闸通 App 过闸的船舶占总过闸数的 99% 以上。"目前已覆盖全省 16 座营运船闸,年总过闸船舶数达 25 万艘次。"浙江省交通运输厅相关负责人说。

浙闸通平台包括综合管理平台、船舶过闸系统、管理端与船户端 App 等主要功能模块,全面实现船户"一站过闸"、船闸智能调度。杭州交投船闸管理有限公司党委书记、董事长郦纲介绍,浙闸通平台功能"高效集成",实现一键申报"服务直达",运行管理"全域协同"。平台功能设置以 VPN(虚拟专用网络)网络互联与信息交换基础平台为骨干、以资源整合为核心、以安全保障为支撑,打通船闸自控系统、

051 / 政府应用创新

工作人员在演示浙闸通平台

GPS 定位系统、AIS（船舶自动识别）系统、浙江省港航感知平台和综合数据平台、税务系统、第三方短信系统、银行系统、支付宝等业务系统，实现电子航道图规划、船舶轨迹与动态监管、定位感知、航次撮合、电子发票、银行代扣、支付宝支付等 10 余项实用功能。

  同时，浙闸通平台可针对船户申报情况，自动判断船舶需经过的所有船闸，自动监测船舶定位是否符合过闸要求，减少重复申报。船户可通过平台及时掌握各船闸运行情况、锚地待闸等动态信息，准确规划航线航次。还可通过平台完成税务办理、交通违法费用缴纳，实现非必要不靠岸。

此外，浙江省内船闸统一使用浙闸通调度系统，行业管理部门和船闸管理企业可通过统一后台实时掌握各地船闸动态，实现省内主要骨干航道船闸运行状态整体感知，跨地市构建统一、高效、便捷的全省船闸船舶过闸服务平台，有效破解多主体间系统相互独立封闭，数据无法互联互通和共享的难题，解决了系统建设资金和人员运维保障难题，实现全省船闸调度管理系统和调度规则的统一，有效提升行业数智水平。

"该系统显著地提高船舶过闸效率。"郦纲坦言，利用浙闸通，结合综合管控、优化调度等手段，普通干货船全年平均待闸时间大幅减少。据统计，2019年平均待闸时间为7天，2020年浙闸通App上线后，平均待闸时间缩短至3.53天，同期缩短50%；2021年平均待闸时间为4.49天，2022年1月7日全国申报功能上线后，平均待闸时间进一步减少，到了2023年仅为0.44天，有效缓解滞航压力。

同时，船户无须靠船上岸，大大节约过闸成本。据行业部门测算，船户一次过闸可节省成本约200元，按照2020年9月25日浙闸通App上线以来，全省16座船闸总过闸船舶数以97.5万艘次计算，节省成本约1.95亿元，减少二氧化碳排放超过2490吨。浙闸通平台全省上线后，船舶满意度均在95%以上，2022年满意度达99%，创历史新高。

值得一提的是，以京杭运河杭州段二通道通航、下沙港开港为契机，船闸公司与杭州港务集团共同推进"港闸船"协同试点建设。浙闸通"港—闸—船"协同模块包含调度协同、计划协同、防碰撞提醒、港易通接入等功能。通过"港—闸—船"协同，八堡船闸可实时了解下沙港作业情况和船舶靠离港计划时间，掌握需经过八堡船闸的下沙港作业船舶实时状态，有助于船闸合理安排船舶调度计划和次序。下沙港可实时了解八堡船闸船舶调度计划、待闸过闸等运营情况，以及船舶航行定位轨迹信息，掌握需在下沙港作业的船舶在八堡船闸的待闸排队与调度计划时间等重要信息，提升港口作业效率；同时对下沙作业区前沿水域船舶动态一体化感知，实现港口作业船舶调头与进出闸船舶错峰调度，避免出现船舶航行碰撞安全事故或险情，提高港口作业安全和船舶通行安全。

下一阶段，相关单位将总结梳理下沙港和八堡船闸"港—闸—船"协同信息服务试点成果经验，未来逐步向全省主要港口码头推广，全面助力浙江省海河联运体系建设。

为防范船闸调度、过闸秩序、船闸维修等领域廉洁风险，船闸管理公司将智慧监督嵌入浙闸通平台，针对性地构建船户过闸评价、异常调度预警、闸室调度数据监控、人工数据确认管控、预警审核监督等五大智慧监督体系，建立全国首个船闸智慧监督系统，形成较为完善的船闸运行监督体系，全力打造"清廉船闸"。"上线以来共接收预警2000余条，通过对预警的复核和分析，从人的不规范和事的不严谨入手，在保证船闸公正、公平、公开运营中发挥了重要作用。"船闸管理公司党委委员、纪委书记任重恩说。

未来，浙江交通将以浙闸通2.0版正式上线为契机，锚定"一体化调度、一体化养护、一体化监管"船舶过闸服务智慧化样板，积极推进港、闸、船、货、仓、企等水运产业链融合，不断增强数据与业务融合创新，全面激发浙闸通平台在降低社会物流成本、优化营商环境方面的巨大潜能，打造全国领先的水上综合服务平台，有力助推新时代绿色低碳交通运输体系构建，为浙江创建现代化内河航运体系示范省提供硬核支撑。

**点评 郭爱芳：**

船舶平均待闸时间从 2019 年的 7 天到 2023 年的 0.44 天；浙闸通平台在浙江全省上线后，船舶满意度均在 95% 以上；截至 2024 年 6 月 12 日，浙闸通 App 累计下载次数超 16000 次，注册船舶数超 6300 艘，日活跃数 2000 艘左右，平均每日使用浙闸通 App 过闸的船舶占总过闸数的 99% 以上。这一组数据，让我们看到了浙闸通 App 带来的社会经济效益显著提升。

浙闸通实现的"港—闸—船"协同，提升了港口作业效率和船舶通行安全，为浙江现代化内河航运体系建设提供了有力支撑。

首先，实现两个"打通"。一是整合打通原本分散的船闸过闸系统、应用软件和数据库，以及船闸自控系统、GPS 定位系统、船舶自动识别系统等多个业务系统，实现船户一键申报"服务直达"、运行管理"全域协同"。二是跨地市构建统一、高效、便捷的全省船闸的船舶过闸服务平台，打通多主体系统间的数据互联和共享，实现全省船闸调度管理系统和调度规则的统一，显著提升了港航管理中心的集成服务水平，降低了社会物流成本，大大提高了行业效率和船户的体验。

其次，是智能化和作业协同。其"港—闸—船"协同模块的建设，将智慧监督嵌入浙闸通平台，构建船户过闸评价、异常调度预警、闸室调度数据监控、人工数据确认管控、预警审核监督等五大智慧监督体系，建立全国首个船闸智慧监督系统。这些智能化和协同化的创新实践，不仅优化了水上交通营商环境，还为浙江省海河联运体系建设提供了有力支撑，推动了绿色低碳的交通运输体系构建。

本案例的创新实践不仅为浙江省内河航运体系现代化提供了有力支撑，也为全国范围内在水上交通领域的数字化改革提供了宝贵经验和示范，具有显著的推广价值和示范效应。

## 一滴油"助手",有多神奇

沈爱群 叶健 王昆喜 / 文

油茶树,是浙西常山人眼中的"生命之树""希望之树"。

对浙江省衢州市常山县新昌乡茶源村村民邱小章来说,眼前在春风中摇曳的一棵棵油茶树,是夫妻俩的"小康之树""致富之树"。

2024年的一个春日里,邱小章每天和老伴儿忙着在茶园里除草、修剪。这片50多亩的新茶园,是他俩去年新开拓的。偶尔,看到未成活的苗木,夫妻俩还得补上一棵。

58岁的邱小章种植、管理油茶树已有40来年,经验十分丰富。"十月(农历)小阳春,也就是每年的11月到12月,是种植油茶树的黄金季节。到来年春天,小苗已长出根须,成不成活也就看得出来了。"邱小章说,"今年雨水比较好,成活率90%以上,'补苗'工作没有多少。"

临近中午,坐下休息时,邱小章掏出手机照例看了看气温。"每年3月底前,遇上低温回寒,是最糟心的,因为会影响油茶籽产量。"他解释说,"不过今年我不怕!"

他的底气,首先来自"油茶产业助手"。

常山山茶油,被当地人形象地称为"一滴油"产业。

油茶,与油橄榄、油棕、椰子并称为世界四大木本油料植物。油茶籽经过加工制成的茶油是一种优质食用油,其不饱和脂肪酸高达90%或以上,其中油酸含量80%以上,联合国粮农组织已将其作为重点推广的健康型高级食用植物油。

常山县因油茶而闻名全国,油茶栽培和利用的历史悠久。常山山茶油生产已有2000多年历史,素有"中国油茶之乡""浙西绿色油库"等美誉。山茶油作为常山县特产,已被列为中国国家地理标志产品。

"一滴油"产业是常山县的五大支柱产业之一。2023年9月以来,常山县以公共数据授权运营试点为契机,立足油茶产业"大脑"、生态资源"云脑"、气象指数保险智能速办等应用,整合油茶产业的数据资源,打造"油茶产业助手"应用场景(简称油茶产业助手),开发了找地助手、投保助手、生产交易助手等子数据产品,助力"一滴油"产业发展,促进农户增收,推动乡村振兴。

20世纪80年代,第一轮农村土地承包到户时,邱小章家的油茶只有15亩。后来随着村民们逐渐外出打工,流转到他手中的油茶园越来越多。到2023年底,他们夫妻管理的茶园已有1000多亩。其中,600多亩是种植了多年的老茶园;300多亩是2016年以来陆续种上的新茶园。

油茶产业助手中的投保助手，是常山县油茶产业与保险产品的深度融合。具体来说，就是构建了油茶气象指数低温保险理赔模型，一方面可以为农户提供一键投保、实时查询、一站赔付、全流程可视的线上服务；另一方面也能有效解决传统农业保险定损难题，它根据理赔模型实现快速理赔核算、费用赔付，为保障农户收入、助力油茶产业发展保驾护航。

油茶产业助手，是邱小章的投保助手。

2023年邱小章给600亩老茶园投了低温保险。当年12月20日至

浙江常山国家油茶公园，是全国首个国家级油茶公园

24 日，常山县出现连续零下低温，最低温度 –5.5℃。"我在手机里看到了，我们家总共投保 600 亩，按每亩可获得理赔款 172 元计算，到 3 月 31 日低温周期结束，可以拿到 103200 元理赔。"邱小章欣慰地说，"对我们油茶种植户来说，这就是实实在在的保障。"

据中国人民财产保险股份有限公司常山支公司 2023 年 12 月保单数据显示，常山县共计 31 户油茶种植户购买了这款保险，投保面积达到 1.27 万亩，为此保险公司设置了 2500 多万元的风险保障。

在常山县球川镇三溪村，68 岁的邱地华也在油茶园里忙乎。在他眼里，油茶产业助手就是一个找地助手。

邱地华前些年一直在衢州打零工。他说："打工的收入时好时坏。前些年听说政府对山茶油产业进行扶持，有些种植早的农户，这几年效益非常不错。我也想试试，但因为离开土地久了，对于寻找适宜油茶种植的土地没有把握。"

邱地华的哥哥邱地海是经验老到的油茶种植户。2023 年 11 月，邱地华听说哥哥通过找地助手，找到了 400 多亩油茶林地，他也动心了。

同样，通过找地助手，将适宜种植区域、现有油茶种植区域，以及遥感长势数据进行叠加分析，邱地华也在球川镇找到了一块适宜油茶种植的地块，共 200 多亩。而且，通过对土壤数据进行分析，他发现这块林地不仅适合油茶生长，还有利于发展林下经济，如种植中草药、养殖蜜蜂等。"这相当于帮助我们进行了合理规划，每亩可额外增加收益。"邱地华可高兴了，"在家门口就业，我的愿望终于可以实现了！"

2023年11月，邱地华在200多亩林地里种下了油茶。根据"油茶产业助手"推荐，他栽种的是当地颇负盛名的长林系列油茶高产新品种，一般来说，油茶树种植5年后可挂果投产，6年后逐渐进入稳定生产期。盛产期每亩可产山茶油40公斤左右。按每公斤100元计算，相当于每亩产值可达4000元。

"加上套种林下经济，每亩的产值应更可观，产出也更早一些。"邱地华表示这让他对未来充满期待，"这就是大数据给我们农民带来的新时代福利啊。"

另据了解，油茶产业助手还利用油茶病虫害监测等数据，形成油茶病虫害诊断等数据产品。

常山油茶林种植面积大、分布广。病虫害诊断，就是通过整合油茶病虫害发生规律、气候条件、识别频次等因子进行数据分析，建立起油茶"三色码"预警模型，可以精准判断病虫害发生风险，及时将预警信息推送到农户手中。

在基地日常管理中，像邱小章这样的油茶种植户，可以根据自身实际情况随时随地学习病虫害防治知识（包括分类别名、危害特征、发生规律、防治方法等），提高植保综合水平。

截至2023年12月底，病虫害诊断模块覆盖油茶病虫害（天敌）共计56种。农户在田间用手机拍摄图片并上传，2秒钟即可获得病虫害结果反馈；也可以在线发布问答并查询附近的专家。与此同时，其他专家与农户也可以查看问答，参与交流反馈，适时为农户解决油茶种植中的疑难杂症。

值得一提的是，生产交易助手还能通过定期生成油茶种植面积分布及动态信息、油茶销售地区分布及销量趋势、油茶加工产品销量及价格变动情况，为企业在油茶产品生产加工方面提供参考依据，指导农户调整油茶种植加工计划。是否扩产？选择哪种品种进行深加工？如何调整并确定销售地区？这样的疑问，油茶产业助手都能"使上劲儿"。

正是通过为生产主体选择油茶的加工品种提供依据，相关数据表明，常山县山茶油的存货销售周转率上升23%，推动全县油茶全产业链销售额从2022年的11亿元上升到2023年的13.09亿元，新增产值2.09亿元。

### 点评 刘洪民：

尽管市场对优秀农产品的需求持续增长，但在其生产、销售过程中，存在一系列令人头痛的问题。这些问题不仅对农民的收入构成了威胁，挫伤农民对种养殖产业持续发展的积极性，还会对整个农业产业的可持续性产生负面影响。

本案例具有较高的社会借鉴价值。推进数字乡村建设是推动乡村振兴的新引擎，是实现农业农村现代化的重要举措。本案例通过清晰呈现油茶产业助手数字新平台在找地助手、投保助手、生产交易助手等运营场景的应用过程，一方面为广大乡村应用数字平台创新基层治理体系，促进基层治理能力现代化，提升基层治理效率和水平，提供有益的借鉴；另一方面，激励更多研究者从乡村产业发展视角，围绕数字乡村战略下乡村治理能力现代化开展案例探讨，发掘新时代下数字赋能乡村振兴的新思路。

案例亮点是发掘数字平台赋能乡村振兴的浙江先行先试的典型，通过助力"一滴油"产业发展，使农民能够更好地参与市场竞争，提高经济回报。借力于新的数字平台，农产品不再受制于传统痛点，而是走向更加可持续和有利可图的道路。通过促成的合作、创新和市场开拓，我们有望见证数字经济时代，优秀农产品产业领域的进一步发展和壮大。这一探索不仅为全国各地乡村振兴提供了可复制的经验和参考，而且为数字中国建设和国家治理体系与治理能力现代化提供了有益的借鉴。

## 那些偏远山村，如何实现"快递自由"

沈爱群　叶健　徐卫兵 / 文

在胡宏伟眼里，一到春天，他家的山林又变得"金灿灿"了。春分刚过，采茶的人们已陆续增多，茶园里渐渐热闹起来；那些毛竹，也在努力拔节生长，一天一个新样。

"真的是'绿水青山就是金山银山'！"老胡一边嘀咕着，一边抬头看了看日头。在姜家村，当地人习惯把太阳称作"日头"。虽然日历上还只显示 2024 年 3 月 23 日，但今年春天似乎比往年来得更早些，偶尔有几天气温还直奔 30℃。上午 10 时左右，老胡已觉得在地头有些燥热了。

又去瞧了眼山上的竹林，伸手摸了摸正在长个儿的竹笋；估摸着县城里来的快递配送车也快到了，老胡转身往家走。

54 岁的胡宏伟是浙江省衢州市龙游县罗家乡姜家村村民。跟同村同年龄段的伙伴们不同，别人都外出打工去了，老胡一直就倒腾着附近山头上出产的那片茶叶：龙游黄芽。他还给自己取了个特别好记的微信名：茶大叔胡宏伟。

算起来，茶大叔胡宏伟已经做了30多年茶叶生意。以往，他是把茶叶成百斤地批发给城里的茶叶市场。"自打实现'快递自由'，我就转往线上销售。'茶大叔'，顺利转型成了小电商。"老胡说，"虽然寄走的是一小个一小个的包裹，但收入却比以前倒腾批发要好得多咧！"

老胡说的"快递自由"，是因为龙游县成立了乡村物流共配中心。

为满足村民特别是偏远山区群众对快递进村的需求，解决农村物流线路长、件量少、成本高等问题，2020年10月起，龙游县以数据要素为支撑，以共配物流体系建设为抓手，开发了乡村物流智达通应用，汇聚全县"四通一达"等8家物流企业的农村快递信息，利用共配中心车辆和公共交通车辆，将快递覆盖全县所有行政村。

姜家村地处龙南山区。"周围除了山还是山。我们祖祖辈辈都是茶农。采茶季节卖茶叶，往后就是卖笋干。"胡宏伟说，"我们村距离龙游县城20多公里，就是罗家乡政府也在15公里开外。以前如果在网上买东西，我们得到15公里外的乡里去取快递，非常不方便，大家也就懒得网购了。"

2020年底，听说龙游县乡村物流共配中心已经成立，要在每个村里设立村级服务站点，老胡第一批就报了名。在县里乡村物流共配中心工作人员手把手的指导下，老胡家于2021年初申请成为姜家村乡村物流服务站点。

"一来么，我自己在网上卖卖茶叶邮寄方便；二来么，这个站点也可帮助邻居们收发快递。"胡宏伟说。

而今,"快递自由"给老胡家带来的便利肉眼可见。农闲时节,他还会在家里支起直播架、搞搞线上直播活动,最多时一天可以卖掉100多单茶叶。

在村民们看来,胡宏伟还是个脑子转得极快的人。经过土地流转,现在他家的茶园已达到了100多亩。老胡还很有品牌意识,从2017年起他就给自家茶叶注册了一个挺霸气的品牌:隆极黄。

"自产自销,我打的都是这个品牌。'快递自由'对于我来说就是如虎添翼。"老胡表示,"有时候,我也会帮老邻居们代销、代加工。"

老胡更是个热心人。他说:"作为村级物流服务站点,我家呀,现在就像个中转站。"

老胡说,姜家村人口大概1200人,青壮年基本外出打工,平时在村里生活的就是300多个留守老人和儿童,"目前在村里,我算是'年轻的老人',就让我来为他们提供些力所能及的服务吧"。

通过老胡家这个站点,村里外出打工的子女们会给家里寄来网购的衣服、生活用品及苹果、牛奶等食品。"每天总有50到60个快递件。无论白天还是晚上,邻居们随时可以前来取走。"胡宏伟表示。

罗家乡姜家村属于龙游县乡村物流共配中心的南片线路。这条线路涉及沿线4个乡镇几十个村,由配送员吴寻负责装车配送。

经过3年多运作,龙游县乡村物流共配中心已有员工20多名,设有配送员、分拣员、揽件员以及客服等工种。

每天早上 8 时,吴寻会将前一天已经装车完成的快递挨个送往沿线几十个村级站点。"现在是淡季,每天我送往沿线站点的快递大概有 1200 件,旺季时会达到每天 1500 件。"吴寻说。

到达茶大叔胡宏伟家时,基本为中午时分。卸下快递,再把村民们寄出的包裹装上车后,他马不停蹄地继续赶路。南片线路较远的梧村等站点,距离龙游县城 30 多公里,吴寻送到时往往已经是下午两三点钟了。

每天往返。周而复始。

对沿线百姓来说,吴寻驾驶的那辆白色乡村物流配送车就是他们眼里的"致富车"。春天茶叶、笋干,夏天莲子,秋天橘子,下半年是著名的龙游发糕,都通过他的车子发往一个个目的地。当然,一同发

龙游县乡村物流配送车,是当地百姓眼里的"致富车"

出去的，还有沿线小微企业和小微电商以及个体户的货物。

在龙游县乡村物流共配中心，为全县150个村级物流服务点"送货上门"的线路共有4条。"3年多来，我们不仅服务了全县300余家合作社，还往村里配送快递超618万件。"龙游县乡村物流共配中心负责人包明辉说，"仅在2023年，我们一共有300万件快递进村，有16万件农产品快递进城。"

包明辉发现，乡村物流也有淡季和旺季之分。相关数据表明，在每年春节后至6月的淡季，共配中心每天送快递进村6500件到7000件；7月后进入旺季，每天增至9000件到10000件，春节时会达到12000件。

与此同时，龙游县充分发挥数据要素价值，积极探索公共数据授权运营，依托一体化智能化公共数据平台，将乡村人口、农业主体、线路地址、服务站点分布等20多项公共数据与各快递公司数据进行融合，开发了运营成本分析、快递收派件分析、消费群体分析、物品类别分析等数据产品，为乡村物流公司优化站点分布、车辆安排、路线规划等提供决策分析，配送时效由72小时缩短至48小时，配送成本也从原本的1.3元/件（偏远山村3元/件）降低至0.82元/件，平均下降37%，有效降低了乡村物流费用和运营成本。

数据打通快递"最后一公里"，村民足不出村实现"快递自由"。包明辉说他还观察到了一个有趣的现象：除了莲子、茶叶、竹笋、发糕、酥饼外，那些子女在杭州、上海等地工作的村民，每周还会定期将自家地里种的萝卜、青菜、辣椒等农产品快递进城，固定客户群已经形成。

"我们农产品种类多、品质好，广受杭州、上海等地消费者青睐。2023年龙游县农村电商零售额超13亿元，同比增长54%。"包明辉表示，"'快递自由'为促进农户增收致富发挥了重要作用。"

**点评 赵之奇：**

城乡一体化的目标是实现城乡在政策上的平等、产业发展上的互补、国民待遇上的一致，让农民享受到与城镇居民同样的便利和实惠，使整个城乡经济社会全面、协调、可持续发展。

这些看起来不起眼的快递包裹，如何顺畅地越过千山万水到达收件人手中，也在一个层面上折射出城乡一体化的发展程度。

曾经，农村，尤其是偏远山村，由于物流线路长，快递件量少导致成本高企，快递快不了，人们的心意传递艰难，乡村难以享受到和城市一样的惠利。

本案例以浙江省衢州市龙游县为例，探讨了偏远山村实现"快递自由"的路径与收益。

让老胡尝到甜头的"快递自由"不仅解决了消费品进村"最后一公里"问题，方便城乡两地的家人互通心意，更是促进了农产品出村进城"最初一公里"的通畅，解决了传统的农产品流通中间环节繁多、基础设施落后、流通成本较高等问题，克服了农产品的地域限制，甚至实现了从"传统农业"到"互联网＋农业"的跨越，极大地促进了农村经济发展。而这些都是基于龙游县充分发挥数据要素价值，积极探索公共数据授权运营带来的新质生产力发展红利。

加快建设农村寄送物流体系，对推进乡村振兴、释放农村内需潜力，盘活农村沉睡资源发挥着重要作用，本案例提供了一个有效可行的参考模板。

行业应用探索

## 安全"高颜值"成就数据效益高价值

沈爱群 / 文

龙年的第一场春雪。一夜风雪紧，北京街头已白茫茫一片。

成萌走在路上，习惯性朝四周看了看，也许是刚过春节，也许是下雪的缘故，路上并没有几个行人。静悄悄地，传到他耳中的只有自己脚踩干雪发出的轻微"咔嚓"声。

天还没有亮，只是地上积的那层白雪反照得人有点晃眼。成萌拿出手机看了看时间：早上 6∶30。因为与客户约的是早上八点碰面交流，担心积雪会影响路面交通，所以他没有开车，改为坐地铁赶过去。

成萌是安恒信息高级战略规划专家。"涉及数据安全的规划设计，一般只有客户单位负责人才能拍板。他们白天会议多、事务忙，所以今天我得赶在大清早和他们去进行交流。"成萌说。

2023 年 3 月 1 日，安恒信息北京新总部落户海淀区四季慧谷·国家网络安全产业园时，成萌入职安恒信息尚不足一年。

当然，他在数据领域工作已有 10 多个年头。

作为高级战略规划专家，成萌和团队同事们被称为最神秘也最辛苦的一帮人。

为什么"最神秘"？这得从安恒信息和它的团队架构说起。

安恒信息，全称为杭州安恒信息技术股份有限公司，大本营位于风景秀美的人间天堂杭州，成立于 2007 年。2019 年 11 月 5 日，安恒信息正式登陆上交所科创板。

作为国家级高新技术企业、网络与信息安全产品和服务提供商，在"数据要素 ×"时代，安恒信息也就是我们理解的数据服务商，处于数据要素产业链中游的核心位置，起到链接数据供应方和需求方的作用。

具体到业务来说，安恒信息以云安全、大数据安全、物联网安全、智慧城市安全、工业控制系统安全及工业互联网安全五大方向为市场战略。产品覆盖网络信息安全生命全周期的安恒信息，凭借研发实力和持续创新能力，曾先后为北京奥运会、上海世博会、世界互联网大会、G20 杭州峰会、厦门金砖峰会、杭州亚运会等众多活动提供网络信息安全保障，连续 15 年实现重保零事故。

截至目前，安恒信息的服务对象包括政府机关、金融部门、院校、央企和行业头部企业等，应用场景涵盖公安、金融、医疗、运营商（移动、联通、电信）、能源电力、教育、交通、智慧城市等领域。

据了解，安恒信息已连续两年被 Gartner 报告列为"数据分类分级领域"领跑厂商。Gartner，即"高德纳"，也被译为"顾能公司"，总

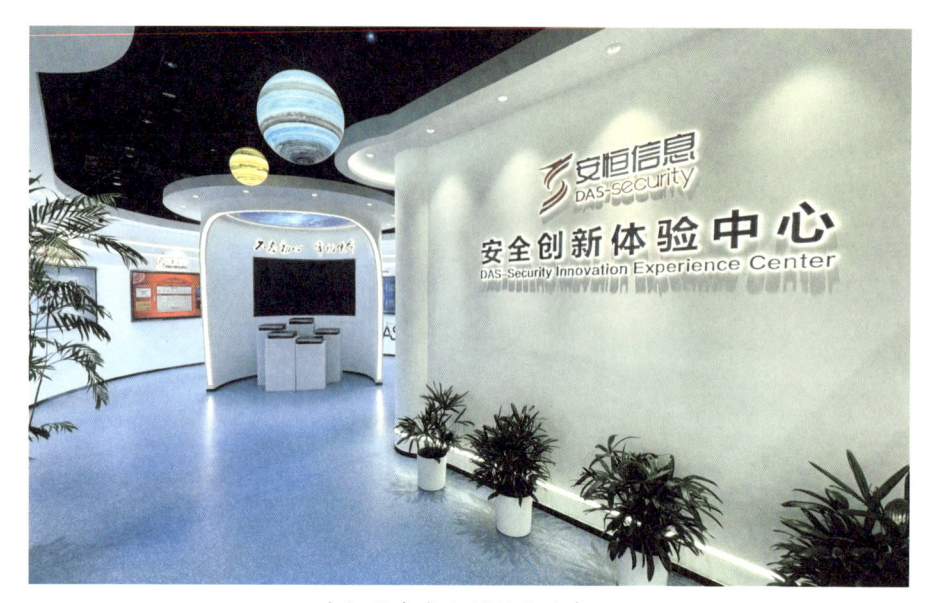

安恒信息安全创新体验中心

部设在美国，是全球最具权威的IT研究与顾问咨询公司。据说在IT界，能够入选Gartner报告就意味着得到了它的全球推荐。

为什么要对数据进行分类分级？安恒信息又是如何对数据进行分类分级的呢？

"数据是信息化资产的重要组成部分，我们需要摸清与它相关的业务属性和特点，以及数据流向和交互逻辑。为什么要这么做？因为我们只有了解业务和数据的'全貌'后，才能进一步将数据划分类别，再根据它的重要性，进行分级管理。"成萌表示，"数据分类分级是安恒信息'数据安全'的起始点。从实践来看，在对数据分类分级基础上再进行'安全管理'，往往可以让客户实现提质增效，或直接产生价值。"

诚然，从数据要素的角度来看，安恒信息是服务商，做的是数据安全。用成萌的话来说，我们把这个技术过程拆解开来就是：摸完资产，了解客户的数据流转过程和数据使用的各个环节，然后再去进行分类分级，而后针对客户的应用场景去形成对应的数据管理制度和技术规范。"最后就是应用我们的解决方案。"

这个"解决方案"即以数据在流转过程中的风险为导向，去保证各个环节的数据安全。

而要实现数据安全，就要用到安恒信息的产品或技术措施了。

"其实我们更多会关注，它在流转的某一个阶段或某一个环节有很大的风险，那我们根据配合解决方案的目标，进行安全控制。"成萌解释说。

而在与成萌的对话中，我们了解到一个独特的名词：数据安全岛。

何谓"安全岛"？它又能起到怎样的作用？

数据安全岛是与隐私计算紧密相连的。如果对安恒信息"AiLand数据安全岛隐私计算平台"下个定义的话，它是一个专注于保障数据安全流通，致力于解决数据共享过程中的安全、信任和隐私保护问题的隐私计算平台。

具体来说，它通过综合应用大数据可信执行环境、多方安全计算和联邦学习等多种隐私计算前沿技术，配合关键行为数字验签和区块链审计技术，可实现数据的所有权和使用权分离，确保原始数据的"可用不可见、可控可计量、可信可追溯",保障多方数据联合计算过程的可靠、可控和可溯。

而在提供解决方案的过程中,安恒信息经常会从"攻"的视角和"防"的视角,进行审视。"只有尽可能把'攻'的方方面面都想到位,我们才能实现更好的'防守'。"成萌介绍道。

那么问题又来了,从摸资产到提供解决方案,整个流程需要几个团队去完成?

答案是,至少需要行销、咨询、产品三个团队。

第一步,行销(也可称为"售前"),就是与客户进行交流、详细了解客户需求;第二步,需要咨询团队的专家对数据资产进行梳理,完成数据分类分级、安全评估等;下一步,就是产品团队提供产品和解决方案;后面还要提供运营服务。

需要说明的是,这几步不是递进关系,而是同步进行,需要几个团队之间随时交流、随时互动。

而行销、咨询、产品三个团队,被安恒信息形象地称为"三军协同"。

而在"三军"之外,安恒信息还有一个神秘的部门,其拥有成萌这样的高级战略规划专家。

其"神秘",主要体现在这个部门里都是能力超强的一批"超人"。可以这么说,高级战略规划专家就是能实现从规划到解决方案的顶层设计。

从客户性质来说，高级战略规划专家只跟相对重要的客户接触，比如部委、央企或者行业头部企业。而对要服务的行业来说，他们就是眼光超前的专家级人物了。

比如，他们要对重要的客户进行规划。这样的规划，往往是对国家所定的"十三五""十四五"规划等进行独特的解读，并结合客户特点开展规划设计工作。"可能国家规划里提及某个行业只有几句话甚至一句话的描述，我们得把它展开至几十页甚至几百页。这就是高级战略规划专家的能力。"成萌介绍说，"一般我们在工作的时候，会结合国家制定的大方向来做顶层设计。落地时，聚焦到各个行业或各个领域的客户，根据客户实际情况，再做一个深度融合，而后形成未来的三年规划、五年规划，甚至更长期规划。"

"超前"的同时，还有一个不得不提的关键点：他们需要对客户所在行业的外部因素和内部驱动进行综合分析。内部驱动，与国家规划相关；外部因素，则需要与他国的同行进行比较，比如考虑它们做得如何，比我们做得好还是不如我们。

"之所以这么深入了解，就是为了给客户提供更加超前、更加周到细致的全生命周期数据安全服务。"成萌说。

也因此，成萌这样的高级战略规划专家，时时需要研究其擅长的行业和领域。其工作覆盖与重要客户交流的全过程，工作节奏往往是：白天的时候要跟客户交流，晚上要把客户的需求梳理出来形成思路和解决方案，然后做成PPT。第二天还要继续去跟客户汇报、交流，看看双方有没有形成统一战线或思路。如果有不同或有问题，还得回来继续整理。

尽管做的是数据安全，尽管从第一次接触客户到解决方案落地，短则半个月，长则需要一年半载。但让成萌和安恒信息团队小伙伴们感到开心的是，通过安恒信息的产品和服务，实现了利用数据为行业客户增加效益，有的是直接产生经济价值，有的则帮助客户实现了提质增效。

比如，安恒信息助力深圳市福田区搭建较完善的公共数据流通基础设施，建成广东省首个全信创架构的隐私计算平台。这不仅推动了政府、社会及行业数据进行跨界融合和共享开发，打破原有的高价值数据因敏感度高而形成的数据壁垒，还创造了有条件共享的数据基于"原始数据不出域、数据可用不可见"原则的流通新范式。这一案例，已成功入选中国信息通信研究院和中国通信标准化协会大数据技术标准推进委员会组织的2023大数据"星河"案例。

其中，在公共数据开发利用赋能高质量发展方面，区政数局与交通银行深圳分行、招商证券等5家金融机构合作，利用安恒信息提供的隐私计算技术，将公共数据产品成功应用于金融业务，创新金融产品和服务，实现政企数据合规有序流动，推进数据资源开发利用。

以交通银行深圳分行"惠民贷"业务流程为例，通过安恒信息服务的"政银"数据融合计算，实现了惠民贷的高效、便捷和安全。其中FT金融1号产品，3个月内帮助1266个原先无法获批贷款或额度较低的个人和中小微企业主获得贷款，获批金额达 1.0289 亿元。

再比如，安恒信息与温州市苍南县相关部门和企业合作，经过半年的公共数据开发利用探索，开发出"金融信用评价指数"，实现公共数据的用途从"静态存储"向"授权运营"转变，并合法获得相应的服务收益。目前，这一指数已直接应用于苍南农商银行的某款普惠金融贷款产品。该产品基于共同富裕家庭画像中家庭标签、个人标签等 50 项因子得出的评判结果，面向低保边缘户这样的特殊群体推出。短短四个月，已助力苍南农商银行发放贷款 2 亿多元。

"苍南这个案例，我们主要是通过数据要素梳理形成精准的产业画像，辅以数字安全新屏障，从而落实政务部门对新业态、新模式、新主体的金融支持，也用实际行动践行'乡村振兴战略'，助力乡村发展。"成萌说。

**点评 赵之奇：**

随着信息化技术的快速发展，数字化转型的不断深入，威胁安全的因素也更加复杂和多样化。"以数据在流转过程中的风险为导向，去保证各个环节的数据安全。"这看起来是安恒信息的实践守则，也更是安恒信息的责任承诺与使命担当。

案例通过成萌这位数据安全领域专业人士的日常生活和工作挑战，让我们得以一窥安恒信息的企业文化和它在数据安全领域的核心地位。

文章中详细描述了从高层战略规划到具体技术实施的复杂过程，展示了安恒信息对数据安全的全面考量和保护措施。此外，文章提及的"数据安全岛"展示了创新技术在当代数据共享和保护中的应用，体现了浙江省在鼓励技术创新方面的成果。

2024年9月11日，2024年国家网络安全宣传周重磅活动——网络安全标准与产业促进座谈会举行。会上，首批"网络安全互联互通功能产品"发布，安恒信息防火墙和病毒防治入选。

数据安全领域的专业性和复杂性，不仅仅是技术的挑战，还涉及对政策的解读、对客户需求的深刻理解以及跨团队的合作。文中提到安恒信息连续被Gartner报告列为领跑厂商，显示了浙江数据安全企业在国际上的影响力和竞争力，为中国企业"走出去"提供了示范。

# 笃信算力，"大脑"让城市治理更聪明

张颖 / 文

"数字火炬手"高擎火炬踏浪而来，大步跨越壮阔的钱塘江，在举世瞩目之下点燃主火炬塔……2023年9月23日晚，承载着世界亿万人热情的"数字人"跨越时空，为世界拉开了杭州第19届亚运会的帷幕，也带大家走进杭州这座"数字之城"。

1990年，杭州也曾迎来亚运火炬。当时的杭州，城区人口才过百万，市区面积约430平方公里，是全国市区面积最小的省会城市。时隔33年，杭州市区面积已超过8000平方公里，人口逾1200万，经济总量正向"2万亿俱乐部"冲刺。

从小城到大市，如何治理？如何智理？

对于杭州亚运官方赛事人员和运动员来说，一个叫"杭州亚运行"的App是他们还没有来到这个城市就已经熟悉的"伙伴"。外籍参赛人群实体身份卡遗失如何入境？运动员的赛程成绩哪里查看？亚运村的"村民"有哪些专属服务？……这些问题，只需在手机上点点杭州亚运行 App，就能解决！

不只有智能参赛服务，杭州亚运行 App 还提供实时翻译、新闻资讯、气象、航班查询、餐饮、交通、医疗、城市文化、数字支付指南和亚运百科等 17 项服务，涵盖了参赛活动的方方面面。

这背后提供技术支持的，正是杭州第 19 届亚运会官方参赛人群引导系统服务供应商：杭州城市大脑有限公司（简称城市大脑公司）。

2000 年，杭州提出"构筑数字杭州"。2016 年 G20 杭州峰会，杭州成为中国首批"数字经济"城市。今天的杭州，以"数"赋能、以"数"谋城、以"数"制胜，其背后是"城市大脑"的高速运转。

杭州城市大脑有限公司成立于 2019 年 4 月，是国内首家专注于城市大脑建设和运营的科技企业。以总经理申永生为核心的技术团队具有浙江政务服务网和浙里办 App 建设运营的成熟经验。公司自成立以来，深度参与智慧城市和数字政府建设运营，致力于用科技推动城市治理体系和治理能力现代化。

2016 年至 2018 年，申永生担任浙报传媒控股集团有限公司浙江政务服务网事业中心技术负责人，主要负责浙江政务服务网与浙里办 App 的数字产品规划和相关技术建设、运维保障。他带领团队实现浙里办 App 的成功上线，支撑浙里办 App 用户注册量从零到突破千万规模。

2018 年，申永生带领浙江政务服务网事业中心核心技术团队以志愿者身份深度参与杭州城市大脑建设，为当年年底发布的"杭州城市大脑综合版"贡献了坚实的技术力量。

杭州城市大脑建设的成功，掀起各地智慧城市治理的新热浪。越来越多的数字化实践，推动着申永生团队在专业赛道上的进一步发展。

"先离场后付费""先看病后付费""非浙A急事通""街区治理"等场景持续为老百姓输出便民惠民服务，作为解决城市治理与市民服务痛点、难点问题的城市大脑应用场景已开发完成48个。

城市大脑公司承担的杭州城市大脑文旅系统建设，全力推进杭州城市大脑在酒店、景区、交通等场景落地。"10秒找空房""20秒景点入园""30秒酒店自助入住""数字旅游专线"等第一批应用快速推广，惠及近500万市民和游客，极大提升了百姓获得感、幸福感和安全感。

这种种便利改变和效率提升，都得益于数字技术和数字政务对智慧城市的贡献。城市大脑公司按照城市大脑的建设理念，综合浙江政务服务网及浙里办App等多年数字政务服务经验，建立了领先的顶层规划、关键技术产品、项目总集建设能力；以数字城市集约化建设平台CPaaS（Digital City Intensive Construction Platform CPaaS）和社会治理大模型为核心技术，提供城市治理现代化数字系统解决方案，助力城市建设服务民生、辅助决策、支撑数字社会体系运行的未来城市操作系统（CityOS）。

当然面对海量的数据，保证数据隐私和数据安全成了重中之重，城市大脑公司为此做了很多努力。在数据传输过程中，需要采用安全协议和加密技术对数据进行保护，如 SSL、TLS[①] 等，确保数据在传输过程中不被窃取和篡改。在数据存储方面，需要采用高效安全的存储技术，如云存储、分布式存储等，并加强对数据存储区域的安全防护，防止数据被非法访问和篡改。在很多应用领域，技术团队坚持数据不落地，即数据在传输或处理时无须存储在本地磁盘中，而是直接流经系统，即用即删，最大限度保证数据安全和隐私。

2020 年 3 月 31 日，习近平总书记考察调研杭州城市大脑运营指挥中心并指出，运用大数据、云计算、区块链、人工智能等前沿技术推动城市管理手段、管理模式、管理理念创新；让城市更聪明一些、更智慧一些，是推动城市治理体系和治理能力现代化的必由之路，前景广阔。

通过智能化的城市管理，城市大脑公司帮助政府实现了从传统管理向现代智能化、精细化管理的转变。这不仅增强了政府的治理能力，也为市民带来了更加便利和舒适的城市生活。

作为全国率先建设城市大脑的城市之一，杭州的成功实践为全国各地的智慧城市建设提供了宝贵的参考。特别是在数据资源整合、跨部门协同工作以及创新应用场景的开发等方面，均展示了未来城市发展的方向。践行总书记嘱托，城市大脑公司团队先后将"城市大脑"建设运营成熟经验在浙江温州、台州、义乌、嘉善、安吉，山东淄博

---

① SSL（Secure Sockets Layer）和TLS（Transport Layer Security）是用于保障网络通信安全的加密协议。TLS是SSL的升级版，主要用于在客户端和服务器之间建立安全连接，确保数据的保密性、完整性和身份验证。

等地市复制推广。

随着数字化改革的深入，城市大脑公司逐步提供了数字政府、数字经济、数字社会、数字文化、数字法治以及未来乡村等多领域多维度的解决方案。

在产业数字化转型的需求下，城市大脑公司为产业发展指明了新的方向。作为资深数据服务商，在数据资产入表、数据资产管理等方面，公司提供一站式综合解决方案。

2023年9月，由义乌市政府主导、义乌国际陆港集团联合城市大脑公司开发建设的TMS运输管理系统和物流综合服务应用"义运通"平台正式上线。该平台以"服务市场主体"为着力点，依托集团下属四大物流园区资源优势，整合社会上零散的车货资源，为物流企业、市场货主、货运司机提供线上运力自助交易服务，通过提供物流大数据应用，使物流价格更透明、物流环节更高效、物流成本更低廉，为谋划义乌特色"四港联动"场景提供有力支撑。据统计，截至2024年第一季度，平台已有700余家物流企业、500余家货主企业注册上线，覆盖了全国近九百条干线线路。

"义运通"平台以"让市场满意"为目标，通过平台功能优化完善，拓展保险、金融等增值服务，谋划建立线路区域联盟，打造平台运力池，进一步提升平台揽货能力，提高货物运输的安全性、便利性和规范性。

随着更多应用场景的落地和新技术的引入，城市大脑公司始终致力于让城市变得聪明，让产业转型更顺畅。

2024年6月12日，国家互联网信息办公室发布第六批境内深度合成服务算法备案信息，城市大脑公司的社会治理大模型算法名列其中，正式获得备案登记号。这标志着，公司成为社会治理领域垂类大模型的先行者，社会治理大模型产品可正式对外提供生成式人工智能服务。

社会治理大模型由城市大脑公司自主研发。公司在过去两年多时间，基于多地"城市大脑""一网统管"等社会治理实践，搭建超过300个社会治理分类体系、3万多个特征标签，构建社会治理数据要素库和算法模型库，全面赋能城市治理。目前，该大模型产品主要应用于"一网统管"领域，已在浙江、山东等省份验证落地。

社会治理大模型

申永生说，在社会治理大模型成功备案的基础上，公司将进一步发挥实力担当，在数据要素时代全力挺进智能治理产业领域，发挥团队在城市治理领域积累的产研优势，打造两大产研拳头产品——"社会治理大模型"技术产品和"政策大模型"技术产品，发展高质量数据产品，进军高质量市场赛道。

### 点评 吕海萍：

浙江以敢为人先的姿态走在我国智慧城市建设前沿。杭州城市大脑的发展便是这一精神的生动体现，从2000年提出"构筑数字杭州"，到2016年成为中国首批"数字经济"城市，有力地推动了我国城市治理体系和治理能力的现代化进程。杭州城市大脑是我国智慧城市建设的典范。这个发展过程中，涌现了像城市大脑公司这样的科技企业。

一来，城市大脑公司将技术成功应用于多个领域，如亚运会运营、文旅服务、交通管理等，为市民和游客提供了便捷的数字化服务和高效的城市生活体验，助力杭州实现从数字化到智能化再到智慧化的城市转型。

二来，城市大脑公司在数据安全和隐私保护方面作出了优良表率。通过采用先进的安全协议、加密技术和高效的存储技术并运用不落地的数据处理方式，确保了城市大脑运行数据信息的安全和隐私。

三来，城市大脑公司一系列案例的成功经验可复制可推广，示范性好。城市大脑公司在技术创新及应用场景开发等方面的成熟经验已被成功复制推广到浙江的温州、台州、义乌等城市以及山东等地区，有力地推动了全国智慧城市建设的进程。特别是标志着社会治理垂类大模型领域领先地位和技术优势的社会治理大模型算法成功备案登记，更是为全国社会治理领域的智能化发展提供了有力参考。

综上，杭州在智慧城市治理方面取得的显著成就，展示了数字化转型在城市治理中的深远影响和潜力。随着技术的不断进步和应用场景的不断扩展，城市大脑公司将进一步发展"数字政府、数字经济、数字社会、数字文化、数字法治、未来乡村"等多领域多维度的高质量数据产品，扩展智能治理产业的市场影响力，推动我国智慧城市治理体系的现代化和智能化进程。

## 智慧化城市治理，大华助力城市安全与便捷发展

张颖 / 文

2024 年夏日的杭城，正午时分，阳光几乎能将人烤干。热气从地面蒸腾而起，城市被笼罩在一片热浪之中。网约车司机老李从清晨 6 点就开始了他的工作，穿梭在繁忙的街道和高楼大厦之间，已经接送了无数匆忙的乘客。

路边的店铺陆续开门，散发出诱人的饭菜香气。老李的肚子也开始咕咕作响，提醒着他已经到了午餐时间。他放慢车速，目光捕捉到了路边一家餐馆前的一抹翠绿——那是限时停放 20—30 分钟的绿色停车位。

老李轻踩刹车，平稳地将车停在了这个标有清新绿色标志的车位上。有了这个绿色停车位，他不需要为找不到停车位而焦急，也不用担心违停被贴罚单而狼吞虎咽地就餐。

在杭州很多农贸市场、便利店、药店、公厕等停车资源紧缺的场所，市民们都能找到这样的绿色停车位。绿色停车位于 2020 年在杭州

市区陆续推出，截至2024年初全市有1600多个，每天为市民提供3万余次服务，4年来获得不少好评。

绿色停车便民措施，是大华城市精细化治理及数字化创新成果的一个缩影。浙江大华技术股份有限公司（简称大华）利用智能技术对安全管理、道路畅通、人车流量等交通要素进行了精确计算，这不仅确保了道路的畅通和安全，还通过智能感知技术实现了绿色停车位的高效管理，有效解决了找车位难的问题。同时，通过多种方式，如多终端覆盖、多部门数据共享、预测不同时间的交通流量、重复利用停车数据来规划停车资源等，持续改进绿色停车位的管理。这使得城市治理的智慧化应用更加广泛，让市民享受到更多便利，感受到城市治理的温暖。

浙江大华技术股份有限公司，是全球领先的以视频为核心的智慧物联解决方案提供商和运营服务商。大华经过多年的积累和完善，构建AIoT（人工智能物联网）和物联数智平台两大技术体系，围绕统一的技术中台底座能力，结合城市业务实际需求，快速实现业务模块高效沉淀复用，提高开发效率和产品易用性，同时以"技术、业务、体验"创新为思路，全面开放物联能力、数智化能力及行业沉淀能力，赋能城市的数字化创新，让治理更科学，让管理更高效。

城市要想发展得好，就得深入研究怎样让城市变得更聪明。这不仅仅是要不断想出些新点子来管理城市，更是得靠那些最前沿的AIoT技术，这样才能快速地满足城市建设、经济发展、保障社会安全和提供民生服务等方面的需求。

近年来，公共视频资源在赋能城市治理方面具有的独特优势越来越凸显，各政府部门围绕各自业务需要建设了不少视频点位，大量公共视频资源分散在业务部门内部，随着城市治理进入新时代，"集约""共享""共用"成为新趋势，如何统筹用好公共视频成为热门课题。

围绕省市公共视频建设管理应用相关要求，大华协助城市数据资源管理部门，以视频汇聚、点位治理、智能应用、共享开放四大能力为核心打造统一底座，接入相关视频资源后，通过统一的精细化治理，共享给委办及镇街客户使用。平台提供一系列围绕秸秆焚烧、森林防火、水利防汛、街面秩序等业务场景的算法，用户可通过一张图查找、申请、配置、应用视频资源，有效提升公共视频利用率，共同探索公共视频共管、共用、共治新模式。

以杭州市某区为例，通过整合汇聚全区公共视频资源2.98万路，共享委办部门10个，共享镇街24个。大华协助该区数据管理局打造了横向赋能区委办、向下赋能镇街的公共视频融合共享体系，提升存量视频资源利用率。

在森林防火、水利防汛等方面，如何通过技术手段和智慧能力提升城市风险防控水平，让防汛抗灾"看得见、呼得通、调得动"，大华发挥技术优势，为有关部门打造完备的数据解决方案。

每年主汛期，台风和强降雨带来的洪涝灾害对我国特别是东南沿海城市造成严重威胁。防汛防台涉及多个部门如城管、水利、应急等的联合作业。每个部门都有自己的业务数据，需要为其进行数据的统筹化构建分析。因此，大华推出了防汛抗台的应急指挥解决方案。

这个防汛防台应急指挥系统就承担了对数据进行智能运算的功能。除了对复杂的数据进行运算，指挥系统还能根据分析结果提醒对应主管单位及时处置，极大提高了应急响应速度。

"我们的核心路径是通过前端感知进行多维度的数据采集，再通过视图计算，加上大数据分析，排查风险点。"大华高级解决方案工程师徐文玲介绍道，比如之前监测中发现一些河道水位较高，但由于河道建得较宽，短时间内降水并不会对其造成影响，风险等级判定大大降低。

除了静态数据分析，大华还能针对动态数据进行挖掘，有效发现极端天气下的突发事件。只有在此基础上，将城市管网、气象、路程、城管等信息以可视化形式整合呈现，从而实现信息共享互联，整体研判实际影响，才能有效助力结构化防洪排涝应急预案的制定。

2020年第四号台风"黑格比"来袭时，舟山市依托建设的防台防汛信息化系统监测发现，在台风防范区内，有数艘渔船未按照防范要求回港避风，仍在进行渔业生产活动。面对突发情况，防汛防台应急指挥中心通过统筹协调海事、海洋渔业等部门，及时与渔船取得联系通知其回港避风，并通过接入港口视频监控系统，远程确认了渔船回港情况。

应急管理综合应用平台

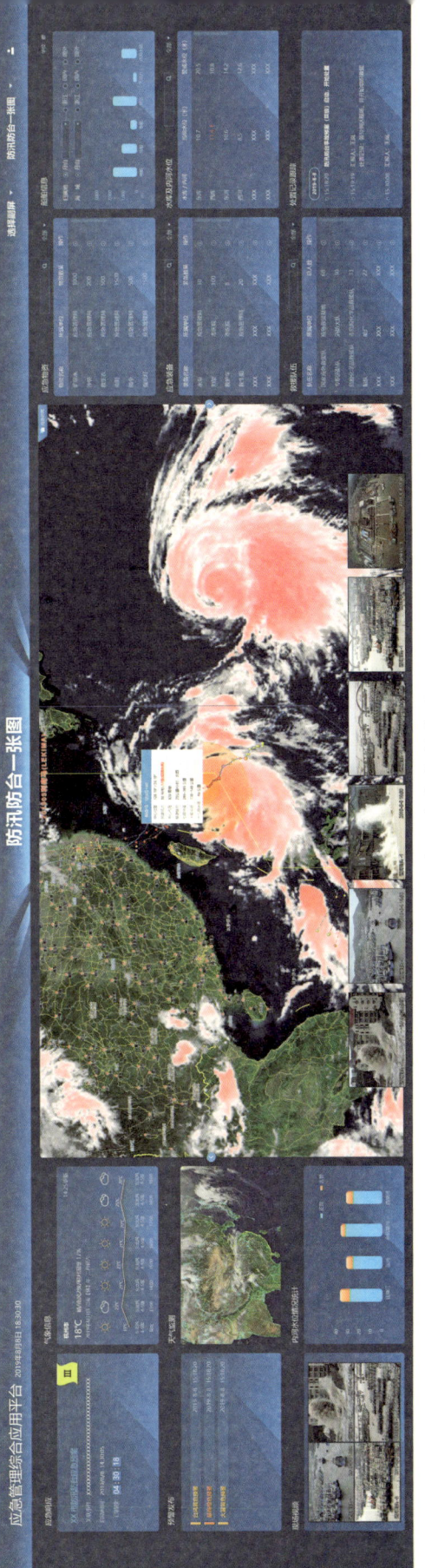

防汛防台一张图

防汛防台专题应用

再比如，秋季是森林火灾的高发季节。及时发现、快速调度、科学指挥、就近疏散，是应对森林火灾的关键点。大华通过热成像技术智能识别烟火，同时在空中对火情进行实时巡检，配合卫星遥感火点识别，构建空天地三位一体森林防火监测预警体系，精准立体核实火情，做到"一张图"智能定位、全方位火情监测。

随着城市发展的焦点逐渐转向民生保障、便捷和服务，城市治理的重点也相应地转移到了提升服务质量上。在这个背景下，构建一个全面的安全体系成了城市管理中的首要任务，它需要从应急响应、灾害抗御和紧急救援等多个角度出发，努力实现一个一体化的安全体系。未来，大华将继续深化视频和非视频技术的应用，推动智慧物联网产品在各行各业的广泛应用，进一步通过技术能力助力城市治理更高效。

近年来，大模型已逐步成为当下热门技术，人工智能也进入了大模型时代。依托在安防行业超过30年的深耕经验，大华积累了丰富的视觉AI技术，覆盖超过8000个细分场景。2023年10月，大华推出了其多模态融合的行业视觉大模型——大华星汉大模型，该模型通过整合图像、点云、文本、语音等多模态数据，显著提升了视觉解析能力。与其他视频模型不同，大华星汉大模型专注于对现有素材和内容进行深度解析，使用户能够根据解析出的信息作出准确的行为判断。

人工智能技术和大模型训练的进步将为城市治理带来更广阔的发展空间。作为智慧物联网解决方案的领先者，大华星汉大模型在技术上取得突破，在实际应用中也展示了巨大的潜力。未来，像大华星汉大模型这样的人工智能技术将成为城市治理的核心工具，通过精准的视觉解析能力，帮助城市管理者更好地理解和应对各种城市运行情况，从而提高城市的应急响应、灾害抗御和紧急救援效率。

大华持续推动的智慧物联网产品的广泛应用，将进一步深化人工智能技术与城市治理的融合，推动城市服务和管理向更高水平的智能化发展。随着技术的不断进步和应用的不断拓展，相信未来的城市将变得更加智能、安全和便捷，为市民提供更优质的生活体验。

**点评 吕海萍：**

智慧化城市治理是大数据应用的热门场景之一，浙江大华技术股份有限公司从抓城市治理的痛点入手，如绿色停车便民措施等，和城市的管理者一起努力，让人们感受到了技术的美好与温暖。

首先，绿色停车位项目的实施，是浙江省智慧化城市治理的一个成功缩影。大华利用智能感知技术和大数据分析，对停车资源进行精准管理，成功解决了杭州市民找车位难的问题，提升了城市交通的便捷性，提高了停车管理的效率。这一创新举措，不仅优化了城市空间利用，还提升了市民的生活质量，成为其他城市交通治理的参考模板。

其次，公共视频资源共享的探索和实践，极大提升了浙江省智慧化城市治理的效率和安全水平。例如大华基于杭州某区防汛抗灾和森林防火等需求，通过整合公共视频资源，实现了多部门数据共享和智能应用，显著提升了存量视频资源的利用率和应急响应速度。这种公共视频资源共享模式，为全国各地城市智慧化治理提供了有效的解决方案。

数智化管理是现代城市发展的必然趋势，浙江省在这一领域走在了前列。本案例通过大华在城市治理中的表现，展示了浙江省在智慧城市建设中的领先示范与创新实践。AIoT技术、物联数智平台技术、多模态融合的行业视觉大模型——大华星汉大模型的不断深入应用，将会有力推动智慧城市治理技术手段的不断发展更新，为全国乃至全球其他智慧城市建设提供借鉴及启示。

# 三个"大脑"进化史

姚珏 / 文

2022年9月，湖北武汉，这个时节一贯闷热的城市难得凉爽。

一大早，火石创造科技有限公司（简称火石创造）联合创始人、CEO杨红飞已坐在会议场中。

鏖战数月，火石创造团队承建的产品——湖北省科创企业"智慧大脑"数据平台（简称智慧大脑）上线，让这场湖北省企业创新积分制工作启动会有了主角。当地政府对此寄予厚望。

智慧大脑的运行基于两个方向：一是归集分类与智能梳理平台、企业、人才、项目、成果等创新资源，绘制基于空间位置的湖北特色线上区域创新地图，设置科创企业梯度培育、科技管理与绩效评价、产业链创新链融合、科技金融精准服务、区域创新体系建设等科创服务五大功能；二是分析、捕捉制约产业发展的短板弱项与卡脖子技术，动态发布企业技术创新需求，并生成区域创新报告、产业创新地图、产业分析报告、科创企业榜单等，为制定区域科技创新政策提供决策支撑。

这也是火石创造赋予所有产业大脑产品的"思考逻辑"。一方面服务政府侧，明家底、找方向，开展精准招商和企业培育；另一方面服务市场侧，实现资源要素和企业需求精准匹配，从而加速企业创新，赋能产业发展。

数据智能很快凸显威力。

智慧大脑上线之后，通过5个维度共27项指标进行自动打分，科创企业积分、科技项目积分、创新平台积分、创新区域积分等各类科技评价上马，湖北的金融机构拿到了过去"看不到"的科创企业画像，金融精准滴灌成势。仅2024年1—5月，湖北金融机构结合创新积分，为全省4500多家科技型企业发放贷款345亿元，以科创"新物种"企业为代表的各类科技创新主体竞相发展。

地方政府的投入可以在"效益账"中验收——目前，湖北省高新技术企业达到2.5万家，科技型中小企业达到3.5万家，均实现两年翻番。

火石创造于2015年创立，9年来作为现代产业数据智能服务商，始终致力于不断挖掘数据价值，不同案例中的叙事路径却有不同。在湖北的案例中，用数方涵盖地方政府和金融机构。"用数方的边界被不断拓展，我们也和用数方实现了持续的场景共创。"杨红飞说。

火石创造的第一个客户是北京市昌平区。

当时，昌平区已成为北京市生物医药产业的技术研发和创新基地。

# 火石创造产业大脑

## 产业要素智配平台

**产业运营服务**
- 找政策
- 找空间
- 找技术服务
- 找供应商

要素精准匹配

300+ 咨询服务/个
24736 服务企业/个
356 服务产业园区/个
77 服务城市/个
28 服务省份/个

## 产业数字底座

- 产业智能中枢
- 产业数仓
- 产业数据工厂

## 产业整体智治平台

**产业运行调度**
- 摸家底
- 明方向
- 强招商
- 优培育

产业智能管理

火石创造产业大脑

但辖区内行业企业数量、创新载体、占地面积等基本情况不清，创新主体需求、区内资源联动、可用载体抓手等关系产业发展方向的问题，仅凭"大脚板"敲门已不适合当时初具规模的产业集群。

亟须推进产业抢占先机的昌平区愿意和火石创造一试。

2017年，在"健康中国"战略问世之前，昌平区"大健康产业地图"上线。这一数字化产业图谱，成为昌平区构建和完善产业生态体系的底座。

纵览和洞察产业经济数据的"快感"，推动用户开始寻求更高层次的体验：保障政策指令的执行，指引区域特色产业发展方向，调节生态关系，改善营商环境，疏解区域产业发展瓶颈，优化产业结构，提升产业创新效率。

布局一颗能主动思考的聪明"大脑"势在必行。

2017年火石创造已公开发布产业大脑1.0，开启在生命健康产业的应用实践，2020年多产业的产业大脑在北京市实现全市部署和应用。

这比浙江提出"产业大脑"这一官方认可的名词，早了4年。2021年浙江省发布《浙江省数字化改革总体方案》，提出要以工业领域为突破口，以产业大脑为支撑……努力打造全球数字变革高地。同年，火石创造作为浙江省生物医药产业大脑、杭州市产业大脑项目委托建设和运营主体单位，深入参与浙江省数字化改革。

此后，市场需求爆发。

火石创造承建的产业大脑涉及医药健康、人工智能、集成电路、新能源汽车等十大产业，覆盖北京、安徽、湖北、浙江、上海等多个省市，数据治理的维度也更为丰富。

重庆市长寿区，贯通上百个类别的系统数据资源，搭建"两地一城"整体智治平台，实现产业相关部门的多跨协同以及产业相关要素的高效配置，并重点打造以天然气化工新材料、硅基新材料、新能源新材料为主的先进材料产业大脑和数字健康产业大脑，培育以博腾制药、华陆新材、恩捷股份等为龙头的"未来工厂"，通过"数据＋人工智能"，赋能制造业数智化转型。

"截至2024年7月，火石创造已为全国28个省（区、市）、80多个城市、300多个园区和数万家企业、数百个数产集团和金融机构提供产业数据智能服务。"杨红飞介绍，"我们的产品一直在适配变化的需求，但本质始终是为数实融合找到落地场景，进而实现赋能。"

第一个尝鲜的客户昌平区，如今已在追求医药健康产业千亿集群。

产业向内求创新的核心不变，但背景声在2024年陡然喧闹起来——大模型浪潮来了，数据服务走入了"深水区"。

2024年6月，火石创造发布基于华为云盘古大模型创新研发的产业经济大模型。覆盖9大战略产业、41个工业门类，超过400个细分领域的全球公域产业数据中心建设经验以及在产业数据智能服务上的深厚积累，让火石创造有底气构建业界领先的生成式产业经济大模型及研发体系。"依托盘古大模型能力，火石产业经济大模型构建产业经济专项语料库，帮助政府、园区用户从海量产业数据中获取关键信息，从而助力产业发展。"杨红飞也有压力,"以往我们的服务都是嵌入一个个项目呈现,现在以 SaaS① 的方式、运营服务的方式实现,对我们既是挑战,也是机遇。"

"家里有数"的杨红飞明白,轻量型专业模型,是避开通用大模型高举高打,精准理解行业的最佳方式。

至此,火石创造对数据价值的"变现"探索,已经完成了从产业数字底座"大脑",产业大脑,再到垂直行业大模型"超级大脑"的三重进化。

作为数据服务商,火石创造和其他同行一样,是培育数据要素流通和交易服务生态的"助燃剂"。

自 2014 年"大数据"首次写入政府工作报告,我国政府和各部委、地方政府不断发布大数据相关政策文件,为数据作为生产要素在市场中进行配置提供了健全的政策环境。伴随数据要素市场化改革持续深化,整体趋势向好,但数据市场仍面临数据确权难、定价难、互信难、入场难、监管难等共性问题,亟待引入第三方专业服务主体,提升数据产品和服务的供需适配性。从国内外数据交易来看,存在数据需求巨大,但优质且合规的供方较少,供需双方匹配度不高等现象。

"这种不匹配现象出现的原因,是数据产品和数据服务供给不足,而引入第三方专业服务主体,大力培育数据市场生态,将从根本上解

---

① SaaS是Software as a Service的简称,意为软件即服务。这是一种云计算解决方案,它使企业和个人能够通过 Web 浏览器或 API 使用软件应用程序,而不是在本地硬盘或服务器上安装软件。

决上述问题。"在杨红飞的观察中，目前各地数据交易所也积极采取相应举措，探索第三方专业服务主体培育路径。

"数商作为数据技术方案提供者、数据交易合规推动者、数据价值发现者，不仅在数据要素市场中发挥主导作用，还能够通过运用数据创新生产力，在经济发展层面提质增效，成为区域数字经济发展的新引擎。"杨红飞认为，数商的核心功能是帮助数据供给方形成数据产品，帮助数据需求方找到合适的数据源，并开发基于数据的新产品和服务。

目前，上海、杭州、保定等先发城市已率先通过建设数商产业园区方式建设数商全产业链生态，围绕数据交易全生命周期吸引传统大数据服务及数据交易相关服务商集聚，初步构建起区域数据要素和数据资产的流通枢纽。

"未来，数据完全有可能成为第一、二、三产业后的第四产业。数商也将成为区域提升数字经济增长效率，推动数字经济与实体经济深度融合的发展'棋眼'。"杨红飞说。

**点评 董颖：**

结合火石创造的发展历程和创新实践，从最初为地方政府提供产业数字底座，到打造功能丰富的产业大脑，再到基于大模型技术开发垂直行业智能应用，本案例阐述了火石创造在数据智能服务领域的卓越表现，展示了该公司在产业大脑建设和数据价值挖掘方面的领先示范与创新实践。

  首先，火石创造开发的科创企业智慧大脑数据平台，是其数据智能服务能力的成功缩影。该平台通过归集分类与智能梳理创新资源，分析捕捉产业发展短板，成功解决了地方政府在科技创新管理和决策中的难题，提升了科技创新政策制定的精准性和有效性。这一创新举措，不仅帮助浙江省生物医药产业大脑和杭州市产业大脑项目的建设与运营，解决了多个产业发展难题和痛点，为精准配置资源要素、促进企业创新和辅助政府决策作出了重要贡献，还为其他领域的数据智能应用提供了参考模板。

  其次，火石创造在产业大脑建设方面的探索和实践，极大提升了多个地区的产业数字化水平和创新效率。从最初的产业数字底座"大脑"，到功能更全面的产业大脑，再到基于大模型技术的垂直行业"超级大脑"，火石创造展现了强大的技术创新能力和市场洞察力。这种不断进化的产业大脑模式，为全国各地的产业数字化转型和创新发展提供了值得借鉴的解决方案。

  数商是用数据创新生产力，火石创造成功探索了数据资产构建和价值化闭环。随着"数据＋人工智能"的广泛应用，数实的多跨融合以及资源要素的高效协同，数商在赋能制造业数智化转型中彰显了越来越大的作用。

## 系统上云,智慧医院迈入云计算时代

徐一凌 / 文

在一个寻常的清晨,阳光透过绿植的缝隙,优雅地在地面上洒下斑驳的光影,为新的一天拉开了温暖的序幕。街道上,车辆川流不息,路边的行人络绎不绝。

浙江大学医学院附属第一医院(简称浙大一院)庆春院区的门诊大楼前,人群井然有序地步入,尽管医院的空间在不断涌入的人群中略显紧凑,但一切依旧井井有条。

门诊大厅内,人群自然分流:绝大部分人直接来到候诊区等候就诊,一小部分人走向自助服务机挂号、取号,还有一些人前往人工窗口。在诊室就诊完成后,患者们并不需要去窗口排队缴费,甚至也不需要去自助机前操作,而是拿出手机,进入"浙大一院小程序",点一点就轻松地完成了支付流程。如果有要预约的检查项目,患者也可以在小程序上点"一键预约",可选择自己适合的时间段和院区;完成相关检查后,检查结果会推送到患者的手机端上。有序与高效在就医的每一个环节都得以体现。

"以前，我们庆春院区在达到每天 10000 人次左右门诊量的时候，就显得非常拥挤。而现在，我们的门诊量基本都在每天 15000 人次左右。但庆春院区反而变得比之前更通畅了，很重要的一个原因就是智能化数字化建设提升了我们的服务效率，现在病人在医院里停留的时间大大缩短了。"浙大一院信息中心主任周敏说。

周敏又说："信息中心主要负责医院信息化建设的规划，这些规划要根据政策的要求、医院的发展、患者的服务等层面来进行。同时，我们还要推动临床科室与其他职能科室展开合作，使这些信息化的规划项目落地，真正为医院的发展服务，提升患者的就医体验。"

那么目前浙大一院的信息化建设程度如何呢？

2020 年 11 月 1 日，浙大一院携手阿里巴巴共同打造的"未来医院"信息系统在浙大一院总部一期（余杭院区）上线，这是全国首个基于云架构的智慧医院信息系统，标志着浙大一院正式迈入云计算时代。2021 年 10 月，浙大一院庆春院区全新"未来医院"信息系统平稳上线，浙大一院庆春院区、总部一期、之江院区、城站院区四个医疗院区核心信息系统全部搬迁上"云"，实现了集团医院多院区信息一体化，海量信息数据互联互通，大大提升了医院的运营效率和医疗质量，这也是新质生产力在医疗领域助推高质量发展的典型实践。浙大一院也由此成为全国首家基于云原生架构的、核心医院信息系统上云的集团化、现代化医院。

"智慧医院中'智慧'的概念最早来自国际知名计算机公司提出的'智慧地球',它主要包括了智慧医疗、智慧管理、智慧服务三个层次。浙大一院很多年都一直在朝这个方向努力。"周敏表示。

智慧医疗方面,从医学影像分析,到相关疾病快速诊断,再到手术规划与执行,信息化技术与临床实践实现了紧密结合。以医学影像分析为例,"我们每天有大量高分辨率CT的检查,一天有1000多例。这么多患者的影像报告如果靠人工识别,之后再进行复诊,这个工作量是非常大的,耗时也很长。对患者来说,等待报告的时间越长,患者也会越焦虑。但是现在,首先由人工智能进行自动诊断,几分钟就可以出结果,最终生成一个建议性的报告,提醒医生在哪些地方需要重点关注"。

智慧管理方面,从优化医院内部物流、提高运营效率的智能物流系统,到改善患者就医体验的患者数据共享,信息化显著提升了内部管理与外部交互的能力与水平。

从内部管理来看,浙大一院的智能物流会通过人工智能来进行路径的规划。比如AGV导航车(自动导引运输车),它通过无线网络与中央控制系统实时交互,利用激光扫描和内置的地图信息实现自动导航,完成物品的自动装载、搬运和卸载。它在人流很多的情况下,也可以自动规划出一条合理的路径,显著提升了医院的交通效率。

从外部交互来看,随着院区数量的不断增加,如果患者数据无法共享,对患者而言其实是非常不方便的。2021年10月,全新"未来医

浙大一院 AGV 自动导航车

院"信息系统平稳上线，四个医疗院区核心信息系统全部搬迁上"医疗专有云"，从而实现了集团医院多院区信息一体化，海量信息数据互联互通，包括体检的信息，也有门诊、住院的信息，甚至还有术后随访的信息。其实可以说，就医全流程的数据都在其中进行了共享展示。

而在智慧服务方面，医院一方面通过发展升级信息化手段，提供了如手机结算、自助服务等便利化的患者服务；另一方面也考虑到了老年患者的需求，为其设计了适老化服务，确保老年患者也能享受到信息化带来的便利。

"数据肯定是我们医院信息化建设最为重要的一部分。"周敏说。

在医院的智慧化转型升级过程中，数据作为其中的关键一环，扮演着极为重要的角色。

数据为何重要，它又如何产生价值呢？

站在临床辅助决策的角度，数据能帮助医生作出更准确的临床决策。人工智能如今可对大量的患者数据进行规模化分析，从而得出预测与建议性的结论，医生根据人工智能的结果，进行综合性判断，能有效提升诊断的效率与质量。"比如当一位心脏病患者需要做外科手术时，医生团队都要评估这个患者的手术风险。在过去，这些关于患者的信息数据可能比较分散，但现在我们就可以通过人工智能技术，对几十个甚至上百个因素进行分析。因为人工其实很难处理多维的信息，可能只能聚焦一个方面，比如病人的某个化验指标，或者病人的慢性疾病某一方面的情况。但人工智能就可以通过规模化全面的分析，快速地对病人的手术风险进行判断。当然这只是预测，就是给出一个建议性的结论，之后再由医生进行综合判断。因此，我们逐渐通过人工智能的预测，发现了几项核心的参数，也慢慢地进行了聚焦，同时这些参数拥有着不同的权重，这时信息化技术便可以帮助外科医生更好地量化了。"周敏举例。站在疾病发展预判与诊疗角度，数据能为疾病预测和诊疗提供有效支持。以浙大一院ICU（重症加强护理病房）为例，ICU内设置了众多设备，这些设备的数据被系统全部采集，并实时地展现给医护人员。周敏介绍："比如，每一个值班的医护人员都会佩戴一只智能手环，当患者的生命体征值达到预定警戒值时，就会触发报警推送至手环，以及时进行有效处置。"实时生命体征数据的采集，结合患者的病历数据，可提供对疾病进展的预测和诊疗建议。

作为最早一批开展"智慧医院"建设的浙大一院，信息化带来了哪些建设成果呢？

对于患者而言，医院信息化建设带来的便利是显而易见的。信息化建设的最终目标，是实现患者满意度的最大化。无论是手机结算、自助服务，还是全方位电子化流程的覆盖，都极大地提升了患者的就医体验。在门诊就诊时，从线上的支付结算到报告生成，再到电子发票的开取，患者在医院里的必要停留时间缩短了。

"目前，浙大一院门诊挂号智慧预约率达到了90.7%，结算率达到了92%，检查智慧预约率达到了100%。智慧平台统筹了1400个检查项目，分时段、跨院区一键式服务、一键式预约，缩短了90%的等待时间。"而患者如果需要住院，周敏举例，"以前办理入院服务的队伍是非常长的，现在几乎没什么人，来窗口办理业务的大多也是需要现金支付的患者，其他流程都可以线上完成。一个病人能够早点出院，之后的病人就可以早点入院治疗，整个医院的运作效率也就因此大大提高了。"

而对于医院自身而言，数据驱动下的信息化建设提升了医院整体的运营效率。数据采集端的自动化作业优化了医护人员的工作量，让他们有更集中的时间精力来分配给需要的病患；数据分析端的人工智能预测诊疗系统、辅助决策系统能提升临床医生诊断的效率与质量。

多方面的转型升级,从整体上提升了医疗服务质量,也增强了医疗安全保障。

展望未来,周敏阐述了浙大一院信息化的发展方向。他强调,临床辅助决策和大量数据应用将是医院信息化建设的重点。通过数据管理与分析,医院将为疾病治疗提供更加精准的队列建设分析工具,推动医疗服务质量的持续提升。

### 点评 吕海萍:

把蜂拥的人流变成可控可调的数据流,让数据流服务于走进各个诊室的人流。浙大一院于2020年上线的"未来医院"信息系统,作为全国首个基于云架构的智慧医院信息系统,标志着中国医疗信息化领域迈出了重要的一步,也充分展现了浙江省在推广智慧医疗方面一直走在全国前列,对在全国范围内推动智慧医疗的发展具有示范意义。

浙大一院的"未来医院"信息系统不仅仅是技术上的革新,更是医院管理和医疗服务模式创新的重要体现。系统采用云架构,高效地整合和管理医院的各类数据和资源,实现多院区、跨地域、跨部门的信息和医疗资源互联互通和协同共享工作,大大提升了医院内部运营效率;系统实现的数据整合分析,使得医护人员能更精准地掌握患者的医疗信息,实施个性化诊疗方案,进一步重塑和全面提升"以患者为中心"的全流程医疗体验,大大提升了医疗服务的质量和效率。而海量的数据库的建立和应用交互，则有力支撑了医院和其所附属的医学院校的科研和教学，大大促进医疗健康产业的可持续发展。

浙江是"未来医院"的先行者，特别是大数据、人工智能在医疗中的应用以及"互联网＋医疗"服务模式的探索和实践方面，浙江的成功经验不仅推动了本省医疗服务的全面升级，更为全国各地建设推广智慧医疗提供了有力的技术支持、成功范例和发展方向。相信浙大一院的"未来医院"信息系统将会在全国范围内发挥更大的示范和引领作用，为中国的医疗信息化、智能化事业提供更多的创新成果和实用经验。

## 数据融通，零售企业数字化转型的成功内核

徐一凌 / 文

290亿元——这是国家统计局发布的2022年12月化妆品类零售总额数据，同比下降了19.3%。这是多年以来，美妆市场的首次规模收缩。作为消费品市场的超级赛道，美妆行业不仅拥有大量国际头部品牌，也有新国货扎堆入局。面对市场规模的挑战，美妆品牌要如何持续增长，成了一道难题。

然而，最终的数据显示，2022年，伽蓝（集团）股份有限公司[①]（简称伽蓝）销售额同比增长2.6%，零售终端保持4.3万个，新增消费者数据资产1504万元。成立于2001年的中国化妆品领军企业——伽蓝，培育孵化出多个耳熟能详的国货美妆品牌，包括自然堂、美素等。多样化的产品布局和市场沉淀，是伽蓝能跑赢市场的底色基因。但拨开市场不确定的迷雾，细观其后，赫然有着"数字化"的鲜明烙印：数字化营收占比98.8%，对比2019年增幅50.8%；数字化零售占比

---

[①] 2024年1月，"伽蓝（集团）股份有限公司"正式更名为"上海自然堂集团有限公司"。

67.1%，增幅 105.7%……

2018 年，美妆赛道融资总额达到 91 亿元，成为近 10 年的顶点。也就是在这一年，尝到行业红利的伽蓝，并没有沉浸于销量的增长，而是冷静思索下一步该如何前进。经过多方的调研与长期的战略思考，伽蓝与智能服务品牌瓴羊，以及阿里云展开战略合作，选择数字化转型。自此之后，数字化像毛细血管一样，渗透到伽蓝各个业务部门。从现在往回看，数字化转型的选择是正当且必然的。

瓴羊的核心优势之一在于，瓴羊的团队与国内其他公司相比，拥有最为丰富的电商零售和数据运营实战经验，积累了大量的专业人才和方法论；依托阿里巴巴，积累了超过 20 年的海量数据和知识沉淀。瓴羊不仅懂数据，还懂电商和零售的本质核心问题。瓴羊更懂客户的痛点，因为企业的痛点和坑点，阿里巴巴也曾经历过，在经验的扶持下，自然有相应的专业人才为客户保障产品的使用体验。

除了懂行，瓴羊还具有足够的技术实力去满足各行各业的数字化转型需求。瓴羊可以提供市面上最完备的全链路数据产品，包括企业数据服务枢纽瓴羊港、智能数据建设与治理平台 Dataphin、全场景数据消费式 BI 平台 Quick BI（数据分析工具）、帮助客户做智能用户运营的 Quick Audience，以及直接面向终端消费者的智能客服系统 Quick Service。而针对不同行业和应用场景，瓴羊也有对应的解决方案，例如金融行业有 Finplus，户外智能营销服务有天攻智投，以及提供线上数据策略的天域数擎。而数据服务枢纽瓴羊港于 2023 年 11 月 1 日正式发布。作为一个数据服务枢纽，瓴羊港有企业、数商、生态伙伴、公共部门等多个数据提供方，并集成了数据资产、数据流通、数据加工与集成、数据智能等多种类型的服务。在安全技术上，瓴羊港采用先进的隐私计算和安全屋等技术实现"原始数据不出域"和"数据可用不可见"，确保了数据源、流通过程和使用场景的合规性，对客户而言，也就具备了基础的可靠性。

截至 2024 年初，瓴羊已服务了上百家知名企业和众多中小企业的数字化建设，如一汽红旗、星巴克、自然堂、极氪、乔丹、中国移动和中海油等，覆盖制造、餐饮、美妆、汽车、零售等多个行业。

"ALL in ONE" 2023 瓴羊发布会

在数字化建设中，数据扮演着重要的角色——跨产业数据是商贸零售企业营销中的新能源和侦察兵，帮助企业打破自己的数据壁垒，通过跨行业的数据流通，在实现增长新驱动的同时，也能洞察新机会。

在具体的应用场景中，数据是如何发挥其重要作用的呢？

以某乳业2024年打响数据驱动华东业务增长之战为例，其中重要的一个战略就是：以区域内消费者和渠道洞察为基础，洞察重点区域，支撑线下门店运营策略。这个背景需要企业对门店销售情况有数字化分析支持。

在这样的背景下，瓴羊制定了以下解法逻辑：

首先，判断客户业务目标，企业希望拿到门店分析洞察报表进行业务分析，以此指导运营工作开展。因此，需要依赖外部数据源来衡量合作门店的洞察指标，包括门店售卖情况、门店运营改善情况、线下销售大盘、门店特征等指标，为各区域销售经营分析和改善提供数据支撑。

其次，寻找合适数据源，由瓴羊港完成供需对接安全方案设计。通过对门店管理信息调用接口，开发者可快速完成门店创建、门店查询管理，以及关店等处理。除此之外，部分互联网公开数据（如房价、人口热力分布、物业费等）、数商数据，均可为本场景分析提供支持。

再次，进行数据供需撮合，提供合规解决方案。通过瓴羊的隐私计算能力，将蚂蚁数据与客户数据进行加密融合，将瓴羊的客户自有会员数据和蚂蚁门店特征等数据进行"可用不可见"的隐私计算融合分析，并通过瓴羊 Quick BI 产品对数据进行分地区、分主题展现。

最后，提供分析洞察报表，指导客户门店运营。基于瓴羊对合作门店的分析洞察，帮助企业进行门店售点卖力值评估，并基于门店销售转化率分析制定门店进行进入策略，结合门店销售表现不断调优线下营销策略，对已控和未控门店进行差异化营销决策，指导线下运营动作开展，提升门店进店率和提高销售额。

那在落实解法逻辑之后，产生了怎样的效果呢？

在瓴羊的数据分析和洞察能力的助力下，企业对门店运营的洞察力得到了质的飞跃。这一飞跃主要体现在三个方面：

其一是渠道识别的精准性。企业能够明确识别出哪些渠道和门店真正值得投入营销资源。通过对门店活跃度和真实性的准确评估，企业能够洞察到哪些网点是潜在的增长点。

其二是营销费用的量化管理。利用瓴羊的算法能力，企业可以对门店销售转化率进行深入分析，从而量化营销费用的投入，确保每一分投入都能产生最大的回报。

其三是门店数据的全面掌控。企业能够全面掌握门店数据，包括未覆盖的门店和相似品的投放情况。这种数据的透明化为企业的差异化营销决策提供了坚实的数据支撑。

通过瓴羊港平台接入蚂蚁数据，该数据融合方案能够评估每一个终端网点的卖力情况。结合瓴羊的算法能力，企业不仅能够找到应该投放营销费用的网点，还能测算每个网点应该投放的促销费用档次，有效提升费效比。这一方案解决了以往企业依赖调研机构通过人力进行线下渠道调研和测算的问题，减少了重复成本，同时提高了效率。

除了上述的应用场景之外，数据的有效利用还能创造许多价值：提升零售企业的渠道管理精细化水平、推进运营能力的提升、帮助合作企业进行消费者行为分析，并将洞察转化为市场铺货及渠道组货的优化策略等。

面向未来，瓴羊正推出"三年一个亿"的瓴羊港繁荣基金和领航计划。繁荣基金目的是帮助开发者和从业者降低使用数据智能产品的门槛，提供工具权益、专家咨询陪跑等权益。而领航计划则希望携手更多生态伙伴，共建"新赛道"，获取"新成长"和"新市场"，最终打造一个繁荣的数据服务生态。

**点评 赵之奇：**

这一案例揭示了企业在面对市场规模收缩的挑战时，如何通过数字化转型，精准把握市场机会，实现增长的过程。

案例充分展示了伽蓝数字化营收和零售占比的显著增长与数据发掘、数据积累、数据应用之间的密切关系，为跨产业数据赋能商贸零售企业数智营销提供了一个成功范例。案例证明了数据融通和数字化策略能够有效提升企业的运营效率和市场敏感度，也给人以期待——即使在市场不景气的情况下，通过科技和创新也能开辟新的增长点，这对于推动全国范围内的数字化转型具有重要示范作用。

同时，瓴羊作为阿里巴巴集团的子公司，其在帮助企业进行数字化转型方面的作用也非常明显，提供了全面的解决方案和服务。瓴羊的服务展示了数据驱动的商业模式如何为企业带来实际价值。从文章中，读者可以充分感受到数字化转型在当前经济环境下的重要性。

可以看出，在未来的商业竞争中，那些能够有效利用数据、快速适应市场变化并采纳新技术的企业，更有可能保持竞争力和持续增长。此外，如何将这一案例应用到其他行业中，以及如何在全国范围内推广数据融通和数字化转型的经验，也值得思考。

浙江是全国大数据服务先行大省，阿里巴巴集团更是坐拥丰富的高质量数据，也已形成了可借鉴的成功经验，在跨产业数据融通方面具有"领头羊"的作用，可以激励其他省份积极跟进，共同推进国家的数字化进程。

# 数据价值流转再造一个"个推"

姚珏 / 文

2024年，一个普通工作日的上午8点多，拥有976.1万常住人口的温州市从车水马龙中醒来。一辆尾号为365的商务车驶入温州大道。

这条主干道由西向东，有16个交叉路口。潮水般的车流在这里汇聚、奔腾散去，一路畅行，浪花不再"触礁"。

回乡参加会议的每日互动股份有限公司（简称每日互动）董事长方毅打开车窗，重新凝视这座给予他创业基因的城市。如今，他与故土的"连接点"除了情感，还有流动在136条城市绿波道路之下的大数据。

在高德地图联合国家信息中心大数据发展部等多家权威机构共同发布的《2023中国主要城市交通分析报告》中，在汽车保有量200万至300万辆的同类城市中，温州市的红绿灯路口服务水平排名全国第一。

以"数智绿波"为缩影的公共服务产品，是每日互动关于"如何发挥大数据价值"这一问题的终极答案之一。

这个答案，方毅已经反复思考了 5 年。

2011 年冬，北京。方毅在五道口街头反复搓热手机，接起了董事会代表的电话。

他的创业项目"个信"被下了最后通牒——要么短期内扭亏，要么卖掉。刚想张口，浮尘扬沙就跑进了嘴里，堵得他说不出话来。

2010 年，基于通讯录的即时通信工具"个信"问世。这个项目，方毅孤注一掷，投入了积累的 1000 万元人民币和融资的近千万美金。2011 年底，个信已拥有 1500 万用户。但当年横空出世的微信，用户规模已达 2 亿。

挂了董事会代表的电话，方毅决定抽取个信核心技术——推送，转型推送技术服务商。

赢家通吃是互联网世界的规则，投资人明白，方毅更清楚：和巨头"撞车"，机会窗口就消失了。好在，沉淀多年的技术不会辜负他的投入。

2011 年，智能手机已经普及，移动互联网风口开启。每日互动于 2012 年果断转型，从面向消费者转向面向开发者。每日互动推出消息推送 SDK（软件开发工具包）——个推，帮助 App 开发者减少开发成本，提供消息推送的整体解决方案，并借着 2012 年伦敦奥运会期间为微博提供消息推送服务的契机成长为国内首屈一指的消息推送服务商。经过一年多时间的发展，个推便服务了近 10 万个 App，覆盖近 7 亿国内智能终端，成为少数可以覆盖国内绝大多数智能手机用户的服务商。

在成为垂直领域"巨鲸"的过程中，每日互动还做了几件扇动蝴蝶翅膀的"小事"。

一是个推的服务每天产生几个 TB 的海量数据，积攒下一个庞大的数据资源库。2013 年，每日互动设立"首席数据官"一职，全面处理业务留存下来的数据，并从中挖掘价值。此时，距离"大数据"概念开始普及还有 3 年。

二是 2014 年 12 月 31 日，上海外滩跨年活动上出现踩踏事件，当晚到底有多少人聚集于外滩，成为问题。每日互动在仅仅两天后——2015 年 1 月 2 日深夜，绘制出事发当晚和前一晚的外滩人流热力图和人流分布图，得出"外滩人流量在 12 月 31 日晚 11 点之后达到最高峰，峰值时刻人流密度为前一天同时刻人流密度的 5.5 倍"的初步结论。同年，每日互动开始基于业务需求自研向量数据库，此时，距离国产数据库遍地开花还有 5 年。

这两个节点，标志着每日互动在成为国内大数据行业先行者的道路上越走越快。2019 年 3 月 25 日，每日互动在深交所成功敲钟，成为国内首家在 A 股上市的数据智能公司。

敲钟之后，方毅摩挲着手中这张"注满"大数据的门票，思考着该再去敲开哪扇门，这一次，他比 9 年前有底气。

每日互动的大数据业务积攒势能，在 2020 年开始向外界传递出更明确的信号，公司开始加快在数据行业的布局。上市翌年，每日互

123 / 行业应用探索

每日互动总部大楼

动在杭州市科学技术局和杭州市经济和信息化局联合指导下，发起成立了西湖数据智能研究院，开始加大对数据要素产业的投入力度，从技术与数据、产品与模式创新等方面进行探索及研究，聚焦数据智能、数据要素的前沿创新与应用。

在业务侧，经过多年积累，每日互动早已构建了"数据积累—数据治理—数据应用"的生态闭环，并不断取得新成绩。

数据积累（D层）：截至2023年末，每日互动的开发者服务各类SDK累计安装量突破1050亿，其中IoT（物联网）设备SDK累计安装量3.5亿。终端覆盖了10亿台手机，SDK日活跃独立设备数4亿，每天推送消息高达200多亿条，继续创下新高，并打通IoT设备与移动终端之间的大数据连接关系，完成了海量的动态数据积累。

数据治理（M层）：每日互动积极进入治数领域，研发的"数据智能操作系统DiOS"，致力于对数据治理能力的综合运用，获得中国信息通信研究院颁发的业界首张"大数据治理及服务平台综合能力"测评证书，在品牌营销、公共服务、智慧交通等领域都有应用落地。

数据应用（P层）：每日互动将数据应用分为两大块业务，商业服务（BSG）业务为客户提供用户增长、品牌营销等服务，公共服务（PSG）业务则提供了精准宣传、应急管理、智慧交通等服务。截至2023年底，每日互动基于大数据的公共服务累计覆盖全国超2900个区县，基本实现了区县级客户的全覆盖。

在这个业务结构里，针对开发者群体的SDK是数据来源，向量数据库构成了数据积累的底座；中间层DiOS则是一个数据操作系统，提供数据治理和分析，解决数据运用难、数据体系缺失、数据源质量差等痛点难题；应用层的各项服务，实质上是每日互动与客户共创大数据在行业、业务场景的落地创新。

2024年3月"云谷论数"2024数据要素×产业推进大会上，每日互动向外界介绍了多款重磅大数据产品：推出针对开发者的匿名 ID 解决方案——OneID，升级针对品牌营销的"每日互动营销数盘"。在公共服务领域，紧跟政策和实际需求，推出了两个大模型产品：致力于优化营商环境的"惠企政策智配大模型"，以及基于数智绿波的"数智交通大模型"。

这两个大模型产品的背后是每日互动自研的"玄冰大模型"。

国内大模型产品已进入"百模大战"，为何还要自研大模型？

方毅和每日互动团队在面对通用大模型难以避免出现"幻觉"的问题，给出了自己的答案：要做一个能够在特定领域输出准确信息的大模型。"玄冰大模型"的核心技术是基于搜索的 AIGC（人工智能生成内容）技术，在此基础上，"玄冰大模型"加入了垂直领域可靠的内容来源，并在内容生成过程中加入了人工干预，以此来完成准确的内容交互式写作。

"惠企政策智配大模型"也沿袭了"玄冰大模型"准确的特性，分析企业侧的年报、官网等信息，以及政府侧的惠企政策，将两部分信息进行智能分析和匹配，能够快速为企业找到合适政策。

"'惠企政策智配大模型'的核心能力是对海量的多元异构数据进行高效处理。我们在以往业务里已经积累了非常丰富的数据分析能力，这一能力在大模型产品上得到了释放。"方毅介绍"惠企政策智配大模型"的技术内核以及未来的方向，"企业经营情况、政策信息都是十分海量且复杂的，依靠传统的人力匹配，效率低且烦琐，大模型能够极大地提高这些数据的分析效率，提高匹配率。在后续的应用过程中，大模型还会为政策制定提供数据参考。"

"我们用了 5 年时间，围绕'大数据'这个新质生产力再造了一个'新个推'。"进入 2024 年，每日互动来自大数据业务板块的营收占比已高达 80%。

"回头去看，我们是国内最早一批在数据要素上进行持续投入的公司，并在现在收获了回报。"方毅说。

13 年前那通电话激起的涟漪，回荡至今日。

大数据把每日互动推进了新时代，方毅带着团队开始了新实践。

数据的无形性、非排他性和可复制性特点使得产业侧存在不敢共享、不愿共享、不会共享的难题。"就像对待核燃料一样，我们需要在确保安全的基础上合理利用大数据。"方毅说。针对数据的开放运营，每日互动主张在数据管理上"分级、分类"，在数据使用上则坚持"分场景、封场景"原则——在对数据要素明确管理规范的前提下，有关部门和行业可以通过区分数据要素的使用场景，建立安全保障体系，实现"数据可用不可拥"，在特定场景里应用特定的数据。

"数据的价值可以交易，数据本身不能交易，要做到数据价值流转，而数据不流转。"方毅说。

2024 年上半年，每日互动已在业务方面实践"数据可用不可拥，数据不流转数据价值流转"，实现了数据控制权和使用权的分离。在深度参与了中国（温州）数安港的重要基础设施——浙江省大数据联合计算中心的建设工作中，每日互动用数据安全应用解决方案为温州繁忙的城市道路装入"智脑"，在累计407公里的绿波带上，实现平均车速提升14.7%、拥堵指数下降10.4%、停车次数减少22.1%。

关上车窗，意味着每日互动的365尾号车将继续驶向远方。

**点评 郭爱芳：**

每日互动作为国内首家在A股上市的数据智能公司，在数据价值流转方面进行了积极探索，并取得了显著成效，在国内大数据行业占据先行者地位。

本案例讲述了"个推"如何通过技术创新、数据治理和应用场景拓展，实现了数据价值的有效释放，其创新实践为其他企业实现数据价值流转和我国数据要素市场健康发展提供了领先示范。

首先，每日互动构建了"数据积累—数据治理—数据应用"的生态闭环。公司基于业务需求自研向量数据库构建数据积累的底座，积聚由面向开发者群体SDK"个推"业务留存下来的海量数据；研发"数据智能操作系统DiOS"作为中间层提供数据治理和分析，解决数据运用难、数据体系缺失、数据源质量差等痛点难题；应用层的商业服务和公共服务，通过与客户的价值共创实现大数据在行业、业务场景的落地应用，由此形成一个良性循环。每日互动的大数据业务不仅为公司及其客户带来显著的经济效益，同时在提升公共服务质量和执行效率、优化营商环境等方面产生了积极的社会效益。

其次，每日互动实现了数据控制权和使用权的分离。公司主张在数据管理上"分级、分类"，在数据使用上坚持"分场景、封场景"原则，实现"数据可用不可拥"，在特定场景里应用特定的数据，有效解决了数据无形性、非排他性和可复制性特点造成的产业侧不敢共享、不愿共享、不会共享的难题，确保数据安全的同时促进数据价值的最大化利用。此举也有助于推动"数据可用不可拥，数据不流转数据价值流转"理念的扩散应用。

总结而言，每日互动在数据价值流转方面的成功实践不仅为同行业的数据服务商提供了重要的参考和借鉴，也为整个数据要素市场的规范化和成熟化树立了标杆。随着数据要素市场的不断成熟，数据服务商将承担更为重要的职责。这种"供得出、流得动、用得好"的数据流通机制，将极大地促进数字技术与实体经济的深度融合，为社会经济的全面数字化转型提供强大动力。

## 绿色充电宝，电力数据助推储能产业投资

楼昕 / 文

"光伏装机容量 810.6 兆瓦。"

"储能剩余容量 1725 千瓦时。"

……

2024 年的一个普通日子里，在浙江省海宁市尖山新区 20 千伏凤凰换流站控制大厅的屏幕上，海宁全域源网荷储资源情况以数字的形式实时显示，一目了然。

当全行业兴起数字化浪潮，数据作为一种新型生产要素，已快速融入生产、分配、流通、消费等各个环节，电力行业亦是如此。电力是经济社会发展的"晴雨表"和"风向标"，持续深化电力大数据应用，能够在供电用能、服务全市经济发展等方面为政府决策提供参考。

尖山新区是全国首个源网荷储一体化示范区和全省首个绿色低碳工业园示范区。2022 年，国网浙江电力以海宁尖山为试点，打造新一代配电自动化系统即新型电力系统数字控制大脑，实现了电源侧、电网侧、负荷侧、储能侧等全域资源的数字化在线监测与调用，实现一个平台的全数据掌握，助力电网在不同状态下的最佳运行。

一个平台、全数据掌握，这便是电力数字化改革的核心之处——数据要素全流通。

和传统交易市场中实体物品交易不同，数据要素这一虚拟物品在交易过程中面临着来源、真实度、所有权等多种问题，企业难免会有"不愿流通""不敢流通"的顾虑。为了破解这一难题，2016年，浙江省政府批准成立浙江大数据交易中心，2021年，浙江大数据交易中心先上线浙江省统一数据交易平台，目前已设立电力数据专区等16个行业和区域专区，吸引了上千家会员单位入驻。

2024年3月，国网浙江新兴科技有限公司"电力数据储能容量测算分析"和国网浙江营销服务中心的"用户储能潜力分析"数据产品在浙江大数据交易服务平台上线，该产品可根据储能投资中的数据需求，通过接入关键要素测算所在地区、用电类型、输入电压和装机容量等，快速进行储能项目的收益预测，生成全面的测算方案，包括财务指标预测及充放电策略分析，支持项目决策。储能容量测算报告注重便捷性、全面性和易用性，使用户能够直接查看预估收益并下载详尽报告，大幅提升项目评估效率，帮助投资者在复杂市场中作出明智决策。这是国内能源领域首次关于储能的数据产品场内交易，也是浙江省电力数据要素交易流通及数据要素市场建设的一次重要尝试。

为什么是储能项目？这要从"双碳"目标说起。

随着国家能源结构的转型和电力市场化改革的深入推进，储能项目投资正迎来前所未有的发展机遇。一方面，政府的积极引导和市场机制的完善，为储能项目的落地和商业化运营创造了有利条件，峰谷分时电价价差提高、电力现货市场建设加速、虚拟电厂落地路径逐渐清晰，进一步增加了储能投资获利场景和空间；另一方面，储能成本近年来大幅度降低，电芯价格较2021年已经下降了50%以上，而循环寿命、安全性等性能反而大幅度提高，因而在浙江、广东、江苏等地区，储能项目显示出较高的投资吸引力。以浙江省工商储能项目为例，企业通过自行投资峰谷套利模式，回收周期已降低到4年左右。数据显示，仅2023年上半年，我国新增工商业储能备案项目478个，总容量共2826.7兆瓦时，同比增长1812%和1231%，呈现出爆发式增长的态势。根据预测，到2030年，新型储能累计装机有望达到220吉瓦，行业总产值将超过3万亿元。

从"源网荷"到"源网荷储"，储能是国家能源结构的转型和电力市场化改革的关键环节，其本质是解决电能供需不匹配的问题。众所周知，电是一种瞬时产生、传输和使用的特殊物品，大规模接入或输出都会对电网稳定运行造成冲击，这就需要储能项目来为整个电力系统构建一个缓冲地带，即在用电低谷时将电力储存起来，等到用电高峰再释放，通过削峰填谷避免电力系统"忙闲不均"，加强电网柔性调控能力，保障电力系统安全稳定运行。可以说，储能项目投资得好，在发电侧，能大幅改善弃风弃光现状，提高发电稳定性和持续性；

在电网侧，能减少对电网扩容的需求，降低建设成本，增强电网柔性；在用户侧，能降低用电成本并提升本地消化新能源的能力，助力整个能源结构脱碳。

那么，什么时候"储"，"储"多少？决策的背后是一个个数据的支撑。

据了解，用于储能项目投资的数据一般除了各地发展和改革委员会及国网公布的电价、需求响应政策外，主要是用电企业的负荷数据，但数据来源和数据质量差异很大。部分大型企业自有能源管理平台系统，能够采集企业各业务单元的数据作为储能投资测算的依据，但更多的用户没有留存自身的电力负荷数据和能耗数据，仅通过电网采集数据且无法深入抓取企业具体的产线负荷数据，在精准测算方面仍存在一定难度。依托浙江大数据交易平台，借助区块链、隐私计算和标识融合等技术，电力数据来源可确认、使用范围可界定、流通过程可追溯、安全风险可防范，同时，国网浙江电力筛选出21项社会治理与企业发展所需的数据资产，最终形成电力数据要素与其他行业耦合，助力平台实现更精准的数据预测、更准确的容量测算，作出最具性价比的投资决策。

"以往，我们储能投资商直接对接用户，根据用户提供的数据资料进行分析测算，花费大量人力物力成本，有时候数据也未免准确。"浙江芯能光伏科技股份有限公司副总经理陈建军说，"现在，依托电力大数据并结合企业经营和行业发展趋势预测企业的未来耗电情况，并进行仿真计算，生成定制化配储产品，真实、便捷，提高了投资收益的准确度。"

"除了对储能投资能够提供精准测算服务外，我们在政府制定宏观政策、电力行业制定区域性产业决策、用电企业优化用能管理等方面也能提供依据。"浙江大数据交易中心首席技术官李静说。

据悉，浙江大数据交易中心联合国网浙江新兴科技有限公司、杭州易理云惠科技咨询有限公司研究发布了"储能投资分析数据报告"，该报告基于的研究项目通过综合利用用户侧用电负荷信息、电费清单

温岭市南海涂渔光互补光伏电站项目一期工程

等电力数据，结合消费及产业数据，实现收益预测和财务指标分析，从而精确预测储能需求和可再生能源供应能力，支撑商业储能项目投资进行决策分析，促进可再生能源广泛使用和企业绿色低碳转型。

"目前，我们设计了工业园区、商业服务、数据中心、微电网、光储充一体化等五个储能应用场景，"杭州易理云惠科技咨询有限公司项目负责人聂金亮说，"虽分属不同领域，但这些场景应用均旨在通过简化和优化收益测算过程，帮助投资者找准投资方向、支持项目决策。"

当然，市场反响是热烈的。通过分析地方第一、二、三产业和居民用电的占比变化和增量、增速变化，梳理规上企业用电数据、统计用电能耗，预测规上企业发展状况，用准确、实时、可靠、全面的数据，以及电力大数据结合人工智能算法支撑，促进储能系统与可再生能源发电的有效配合，动态调整储能系统的充放电策略，实现储能设备状态的预测性维护，降低运维成本和风险，在一定意义上支持节能减碳和绿色低碳经济的发展。

### 点评 董颖：

能源生产、传输、管理等领域的大数据应用显然是技术市场追踪的热点，国网浙江电力以海宁尖山为试点，打造新一代配电自动化系统即新型电力系统数字控制大脑，展示了浙江省在电力数据应用于储能项目投资分析中的探索情况，以及基于此的数据要素全流通实践，是浙江省在数据要素市场建设和智慧能源发展中的一个亮点。

首先,电力数据专区的建立和储能投资分析数据产品的上线,是浙江省数据要素市场建设的一个成功缩影。国网浙江电力利用区块链、隐私计算等技术,对电力数据进行安全流通和价值挖掘,成功解决了储能项目投资决策中的数据获取和分析难题,提高了投资决策的准确性和效率。这一创新举措,不仅优化了储能项目投资流程,还为其他行业数据要素市场建设提供了参考模板。

其次,源网荷储一体化示范区的探索和实践,极大提升了浙江省智慧能源系统的运行效率和可靠性。国网浙江电力通过打造新型电力系统数字控制大脑,实现了全域电力资源的数字化监测与调度,显著提高了新能源消纳能力和电网运行效率。这种智慧能源管理模式,为全国各地能源转型和电力市场化改革提供了有效的解决方案。

## 海洋塑料垃圾变废为宝

陈久忍 / 文

初夏时光，东海之滨的浙江台州，海风吹来温润的气息。

位于台州湾畔的浙江蓝景科技有限公司（简称蓝景科技），在周边的一众制造业企业中，显得别具一格：Loft式的厂房，一楼是展厅和油污处置车间，入门口的醒目位置处，放置着含油污水、废旧渔网、废弃浮标、旧塑料瓶等海洋塑料垃圾；架空层是办公区、会议室和阶梯报告厅，其中报告厅就设置在污水池的上方，透过透明玻璃，可以看见下面浑浊翻滚的污水。

蓝景科技，这家在浙江本不起眼的民营企业，不久前却名声大噪，火出了国门。

2023年10月30日，蓝景科技与浙江省生态环境厅共同申报的"蓝色循环"海洋塑料废弃物治理项目（简称蓝色循环），从全球2500个申报项目中脱颖而出，获得全球环保领域的最高荣誉——2023年联合国"地球卫士奖"，为海洋塑料污染这一全球性治理难题给出了浙江方案。

蓝景科技联合创始人陈光辉，总觉得自己最终走上海洋污染物治理这条路，是冥冥之中有天意。

陈光辉从小在台州海边长大。小时候，他喜欢和小伙伴结伴去赶海。那时候，海滩上干干净净，遍布跳跳鱼、螃蟹、小虾、贝壳等海洋生物。长大后，他发现海边静了，鱼虾也少了，海滩上的油污和垃圾多了起来。后来，他去海边的日子也越来越少。

陈光辉的感受背后，存在着一个触目惊心的事实。

据联合国环境规划署发布的报告，塑料制品是海洋垃圾中占比最大、最有害和危害最持久的种类，至少占海洋垃圾总量的85%。目前海洋中的塑料垃圾估计有7500万吨至1.99亿吨，但因收集难度大、处置成本高、回收利用率低，海洋塑料废弃物治理一直是全球性环保难题。

蓝色循环由政府及企业共同发起，吸纳沿海民众加入海洋废弃物收集，联合塑料应用企业，以"物联网+区块链"技术为核心打造数字化平台，实现海洋塑料从回收到应用的全过程可视化追溯，并设立蓝色联盟共富基金进行价值二次分配，精准惠及一线收集群体，实现生态与富民的双赢。

在回收环节，蓝色循环采用数字化治理方式，给海洋塑料布下"天罗地网"。在入海闸口、港口码头、出海船舶等海洋塑料产生的源头地使用卫星、无人机等科技手段进行全方位感知监测，数字化平台实时将相关指令和数据发送,对海洋塑料废弃物实施"海上收集、边滩守护、陆源防控"的源头控制。

在再利用环节,回收后的海洋塑料垃圾经过压缩破碎,会被制作成塑料粒子,生产出更符合国际生态环保理念的塑料产品。

在价值再分配环节,蓝色循环设立了蓝色联盟共富基金,依据区块链合约对基金收益进行二次分配,并精准落实到产业链的每个环节和参与者,重点向一线收集人员倾斜,调动他们参与治理的积极性,让参与者在海洋生态治理中实现生态共富。"蓝色循环采取的是一种'市场化垃圾收集—国际化认证增值—高值化资源利用'的海洋塑料废弃物治理模式。"陈光辉说,要实现生态与富民双赢,关键是要让海洋塑料实现变废为宝,变成身价更高的高净值塑料制品。

而这,正是蓝色循环的高明之处。

在蓝景科技厂房的一楼,存放着用海洋塑料垃圾生产出来的手机壳、笔记本、圆珠笔、文件袋等塑料制品。与一般产品不同的是,这些产品上面,都印制着一个二维码。用手机扫一扫,就可以看到产品的原材料回收、储存、运输、转运、再生、制造等各环节信息。例如,扫描手机壳上的二维码,可以看到跳转页面上清楚显示出"这个手机壳使用了8.4克海洋塑料,约等于5个塑料瓶盖。手机壳包装使用了32克海洋塑料,约等于2个塑料瓶身"等字眼。

蓝景科技是首家把区块链技术应用于生态环境治理领域的企业。蓝色循环全流程使用区块链技术,数据均通过物联网装备按照算法自

台州市椒江区"蓝色循环"海洋废弃物处置基地 / 图片由受访企业提供

  动生成，并且去中心化存储、不可篡改，确保数据的真实性。同时，蓝色循环全流程配备执法记录仪、监控摄像头、手机应用软件等，构建起了海洋塑料"从海洋到货架"全过程可视化可追溯体系。

  陈光辉说，蓝色循环使用区块链追溯技术对海洋塑料从收集到再生产品的全生命周期进行碳标签、碳足迹标定，获得国际权威机构认证，构建可信的有经济内驱力的可持续治理模式，实现高值利用。而经过国际认证的海洋塑料粒子要比传统再生塑料价值高出一倍以上，满足头部企业碳减排和 ESG 可持续发展的需求。

一切都有迹可循。陈光辉强调，蓝色循环的运作模式，并不是凭空出现的。早在创立蓝景科技前，团队就已经在工业污染防治领域深耕 23 年，在环保方面有着深厚的工作经验。

"一开始，我们用数字化的手段，建立'陆地云仓'，来帮助台州中小企业处置工业固废。"陈光辉说，他们向中小企业提供工业固废智能收集设备"陆地云仓"，通过物联网、大数据等技术，实现污染物数据实时监测上传，帮助中小企业高效处置工业固废。2017 年创立蓝景科技后才开始将重心转向海洋。先是建设"海洋云仓"，用于收集处置船舶污染物，再将污染物处置领域拓展到包括海洋塑料垃圾在内的全品类海洋废弃物。

从陆地走向海洋，从浙江走向全国，蓝色循环模式，正焕发出蓬勃的生命力。

目前，浙江省 12 个沿海县（市、区）已建设"海洋云仓"65 套，利用码头小店等设立垃圾回收点"小蓝之家"15 个，吸纳沿海镇村困难群众达 1365 人，10000 多艘海上渔商船加入蓝色循环，构建了全方位的立体收集网络。蓝景科技还与德国莱茵 TüV 集团签订海洋塑料认证协议，与瑞士维多集团合作开发塑料信用项目，并与 20 多家国际品牌商达成海洋塑料采购意向。

下一步，蓝景科技还将通过建设海洋塑料国际交易中心，培育海洋塑料产业，为全球汽摩配、电子电气、日化包装等行业提供可信的原材料。据评估，项目推广后将创造一个年产值500亿元的海洋塑料高值利用市场，并让相关产业在国际竞争中受益。

目前，蓝景科技正建设台州市海洋可持续发展产业园，包括海洋大数据中心、"海洋云仓"智能装备生产线、高品质海洋塑料再生产线等，打造全国首个海洋领域"智能制造＋循环减碳＋数字产业"融合示范产业园，为全球海洋可持续发展产业提供科技创新力量。

不过，让陈光辉更高兴的是，这些年，海洋污染问题受到越来越多人的关注重视，海洋环境变得越来越好，海洋生态日益恢复。"儿时赶海的乐趣，重新回来了。"他说。

**点评 朱朝晖：**

海洋是塑料废弃物的最主要的归趋地，塑料污染治理是全球海洋治理的重大议题。

蓝景科技的"蓝色循环"海洋塑料废弃物治理模式，为海洋塑料污染这一全球性治理难题给出了浙江方案。

治理模式上，蓝色循环通过源头控制海洋塑料全回收，高值化再利用变废为宝，蓝色联盟共富基金精准惠民。生态与富民双赢的环境治理模式，凸显了蓝色循环治理模式独特的社会价值。

治理主体上，蓝色循环由政府和企业共同发起，海上渔商船、沿海民众等参与回收，塑料应用企业高值化利用，充分发挥了多元化治理主体协同治理的优势。不仅提升了民众的环保意识，也为民众创造了生态和财富的增值。

治理手段上，蓝色循环以"物联网＋区块链"技术为核心打造数字化平台，实现从回收到应用的全过程管理与可视化追溯，为全球海洋可持续发展产业提供科技创新力量。

以高增值为发展点，以共富为激励，以数字技术带来的新质生产力为支持，从陆地走向海洋，从浙江走向全国，蓝色循环模式正焕发出蓬勃的生命力。

## 让投资变得更聪明

张颖 / 文

"这边签字就可以了，我们会尽快完成审批并发放您的贷款。"2024年6月初的一个清晨，当大多数人尚未开始工作的时候，汪洋已经完成了他的第三笔贷款业务。这得益于他所依赖的神秘力量——一个强大的数据后台，它把整个城市的商业版图浓缩在了汪洋的电脑屏幕上。

在这个数据驱动的时代，一个普通银行客户经理的工作生活发生了翻天覆地的变化。想象一下，汪洋，杭州一家股份制商业银行的普通职员，曾经每天奔波在城市的大街小巷，用传统的"笨办法"寻找潜在的贷款客户。那时，他的工作就像是一场没有指南针的探险，耗费大量时间却收效甚微。

但这一切，自从银行上线了新的查询系统之后，变得不同了。这个平台，由浙江同信企业征信服务有限公司（简称同信征信）精心打造，为银行量身定做。现在，以支行为圆心，周边的商户被组织成一个网格化的地图。它不仅仅是个简单的信息库，而是一个充满智慧和洞察力的工具。通过一系列直观的图表和指标，它让银行工作人员能够像玩游戏一样探索和发现商业机会。

想要了解区域内的消费潜力？后台可以提供人群流量、消费水平、出行习惯等关键数据。想要挖掘有融资需求的企业？只需点击几下，通过对商户的行业分类、运营历史、发展趋势等多维度信息的统计和分析，系统就能筛选出那些最有成长性的公司名单。

银行客户经理专属业务数据平台，如同信征信为多家银行定制的系统，正变得日益普遍。这些平台深入整合了银行的特定业务模式和需求，提供定制化服务。通过 SaaS 标准产品、数据接口、商圈画像报告这三种主要方式，同信征信向金融机构提供了宝贵的区域商圈数据。

这样的系统大大提升了银行及金融机构在目标区域内识别和挖掘市场营销机会的能力，有助于他们更精准地制定策略，提高业务效率和市场竞争力。

对于银行的授信管理部门或研究部门而言，他们需要的不再是街面上的琐碎信息，而是宏观经济的大画面。同信征信的智能投研系统为他们提供了产业链上下游的图谱，宏观经济数据，甚至可以预测未来行业的发展趋势。这套系统不仅提升了银行授信建议报告的逻辑性和丰富性，还大大增强了报告的时效性。传统的行业报告更新频率可能受限于一年或半年周期，但同信征信的投研系统允许银行实现月度更新。

通过引入同信征信的系统，银行不仅能够快速地应对市场变化，还可以基于数据作出明智的决策，从而在竞争中保持领先地位。这不只是对内部工作流程的一次优化，更是对外服务能力的重大提升。同信征信致力于将信息转化为银行的竞争优势，助力金融机构在资本的大海中乘风破浪。

以这两年比较火热的新能源汽车为例，进入这套系统，银行工作人员可以根据不同的业务需求、地区、上市情况以及是否为科技型企业筛选出相关企业。通过初步筛选后发现新能源汽车企业去年数量增长比较快，可以推测这批客群数量很多，同时结合国家发展新能源汽车产业的相关政策，银行就会重点去针对新能源汽车做出一些针对性的金融产品，而这仅仅是系统基础应用的一个例子。

深入应用方面，系统内的产业分析数据提供了产业规模、增速、总资产、总收入等关键指标，还包括从业人数、知识产权专利数量、投融资情况等。不只是提供数据，同信征信更懂得如何让数据变得更具可用性。它的界面友好，操作简便，即使是数据新手也能轻松上手。它提供的报告不是枯燥的文字堆砌，而是图文并茂、信息丰富的"故事书"。通过系统绘制的趋势曲线，银行能够轻松识别出在2015年至2018年和2019年至2022年间的两个投融资高峰期中，更有可能诞生的优质企业。

除了为银行定制专属的多维度可视化的数据后台，让投资变得更清晰更直观，同信征信深刻明白，数据的可靠性才是最核心的竞争力。

作为浙江核新同花顺网络信息股份有限公司（简称同花顺）全资

控股的企业，同信征信自2020年成立以来，一直致力于为企业提供最可靠的数据服务。在中国人民银行浙江省分行的指导下，同信征信于2023年初顺利通过了征信备案，标志着其在数据处理和服务方面迈上了新的台阶。它先后为中国人民银行、中国工商银行、交通银行、招商银行、宁波银行、中国农业银行杭州分行、中国农业银行合肥分行、兴业银行杭州分行、江苏银行、上海证券交易所等金融机构提供持续的服务，在金融领域已拥有丰富的服务经验。

同信征信在数据来源和数据采集流程方面都按高标准执行。作为

同花顺总部大楼

已通过征信备案的企业征信机构，同信征信具备行业最全面的六大数据库，涵盖了企业、诚信、产业链、舆情和金融等方面。这些数据库不仅包含了业务发展积累的数据，还包含通过对外采购、商业合作等途径获取的数据。这些数据来源的多样性和权威性，保证了同信征信所提供的数据的全面性和准确性。

除此之外，同信征信遵循严格的数据采集流程。所有数据的采集和存储都在中国人民银行的监管下进行，确保了数据的合规性和可信度。同信征信还完成了从数据采集、数据分析加工到数据输出的数据交易闭环。每个环节的数据交易都在"数联网"上完成，支持数据合约的签订，为后续的审计与回查提供了便利。

作为专业的数据服务提供商，数据安全关乎根本。同信征信在这方面表现出了显著的优势和专业性。公司不仅取得了信息安全等保三级的认证，而且还通过了ISO质量体系认证，这两个认证彰显了其在维护数据安全方面的国际和国内双重认可。

此外，同信征信从母公司同花顺那里继承了超过20年的数据处理经验，形成了一套完善的数据管理制度。拥有近百人的数据专业团队支持，同信征信不仅在技术和管理上采取了一系列智能化的措施，还能够提供符合国家商用密码标准的服务，并支持国产数据库的适配。这些举措确保了公司能够在国内数据安全法规的框架下，为客户提供优质的服务。

为了保障客户数据的安全传输，同信征信不惜成本，采用了专线网络进行数据传输。这种高成本但安全可靠的传输方式，为金融机构客户提供了安心的服务保障。正是这种对数据安全的高度重视和严格的管理措施，使得同信征信赢得了包括中国人民银行、各大银行总行、证监会、上交所、深交所等高端政企客户的信任与青睐。

正如汪洋的工作所体现的，数据不仅能够改变一个银行客户经理的工作方式，它还能够为整个金融行业带来革命性的变化。在这个充满可能的新时代，让我们一起期待，数据会带我们走向何方。

**点评 刘洪民：**

大数据和金融的"联姻"，展现了三个方面引人注目的前景：首先，数据客观，精准匹配；其次是交易成本低，客户群体大；最后是数据及时有效，有助控制风险。

本案例从同信征信投研系统赋能一个普通银行客户经理寻找潜在贷款客户的真实体验入手，致力于将数据信息转化为银行的竞争优势，通过数字技术和现代管理手段，赋予银行等金融机构客户科学的决策能力和对外服务能力的重大提升，缓解了银行个体面临的信息难题，提高了商业银行的创新能力，增强了商业银行的创新意愿，正在深刻地影响着商业银行的发展战略和运营方式。

金融科技作为技术驱动的金融创新，是金融强国建设的重要推手，数字中国与金融科技相互赋能为实体经济发展提供更优质的金融服务和更广阔的金融创新空间。

同信征信的数字化系统服务,不仅为全国各地商业银行等金融机构提供了可复制的经验和参考,而且为国家数字金融建设提供了有益的借鉴,成为推动行业变革的引擎,推动了金融创新水平的提升。

## 云象：为区块链数字金融打造安全底座

张颖 / 文

2024 年 3 月，比特币价格突破 71000 美元大关，再度逼近历史高点。大部分人对这个全球加密货币"顶流"的认识都仅限于其自 2009 年诞生以来价格的飞速上涨和多次跌落，至于背后暗藏的诸多风险却不甚了解。

时间往回拨 15 年，2009 年 1 月，比特币创世区块诞生。这种货币交易记录公开透明，点对点的传输意味着一个去中心化的支付系统。同一时间，浙江杭州的年轻工程师黄步添，对基于点对点分布式通信协议的比特币，以及"区块链"概念产生了浓厚的兴趣。此时的他担任一家科技公司的技术总监，该公司主要业务是语音通信。在网络带宽条件有限的 2009 年，如何保证通信质量，满足更多通信需求成了他需要攻克的首要难题。

黄步添逐渐认识到，比特币的运行逻辑基于一种共识机制，这种机制保证了在一个去中心化的分布式账本上的交易一致性，实现了全网的共识。这启发他思考如何将这种基于共识的生态系统治理模式，应用到更多领域。

2012 年，重回浙江大学攻读博士学位的黄步添意识到，从早期的信息化到数字化这个过程中，中国市场其实已经积累了大量的数据。如何把这些数据转化成有标准、可量化、可利用的数据要素，就需要一个基于隐私计算的数据安全技术底座来实现技术支撑。这就是区块链数据安全隐私计算技术，构建一个开放的、不可篡改的、可信任的技术支撑系统，这个想法令他非常振奋。

随着信息技术的进步和数据规模的壮大，对数据安全共享的需求日益增强。2014 年，杭州云象网络技术有限公司（简称云象）成立，黄步添担任董事长。"云象"寓意丰富："云"代表分布式，"象"代表数字世界的数据。老子曾说"大象无形"，在这里，"象"也象征着解决分布式数字世界的"道"，用区块链技术赋能分布式商业经济。

针对金融行业庞大的数据共享需求，以及强烈的创新需求和能力，云象敏锐地洞察到这一市场环境，将服务对象锚定在数字金融领域。公司致力于提供基于"区块链 + 数据安全 + 隐私计算"的金融数字化整体解决方案，成为中国最早从事区块链技术研究与商业应用、法定数字货币核心技术研究的团队之一。

云象最初为香港证券交易所提供技术服务，顺利通过了港交所私募股权交易系统的 POC 概念验证。该系统主要解决非上市公司股权交易的三大问题：股东名册的维护、股权交易的透明性和一致性保障，以及拓展股权融资渠道。

众所周知，公司股东名册的维护工作烦琐且经常变更。股权线下交易完成后，才去工商局完成变更，其中存在的时效性问题容易造成重复质押，同时股权交易也存在地域限制。

该项目的初衷是基于区块链打造一个"场外中证登"。实现非上市公司股东名册的透明管理与维护，保障股权交易的时效性与一致性，在解决信息不对称的前提下，拓展投融资渠道。

打开区块链技术在数字金融场景应用的大门后，云象一路深耕，基于"区块链核心技术""金融科技"两大核心能力，先后为中央国债登记结算有限责任公司、上海期货交易所、中国航空结算有限责任公司、中国建设银行、国家开发银行、中国农业发展银行、中国光大银行、中国民生银行、中信银行、浙江金融资产交易中心股份有限公司等数十家机构在多种场景下提供全方位、快捷、安全和高效的区块链解决方案。

2022年，云象赋能上海期货交易所建设了全国性大宗商品仓单登记注册中心，落户浦东，助力大宗商品市场高质量发展。仓单是指大宗货物仓储的业务单证和物权凭证。譬如，有100吨铜的仓储，这批货有相应的仓单，以说明这批货的属性、质量、重量、货主、仓储地点等信息。经过注册登记的大宗商品仓单，有较高的可信度、可交易性。大数据、区块链等手段有利于实现注册登记仓单信息流与物流相匹配，还有很好的拓展性，如开展期货交易，开展进口货物保税仓单

云象产品展示

业务等，有助于解决仓单管理中存在的问题，如虚假仓单、一货多卖、多次抵押，确权难、评估难、监管难、处置难，仓单的信用度不高等。

随着技术的发展，云象所提供的技术支撑不仅服务于专业的金融数据流转领域，也自然而然地进入大众日常生活场景。

在租房、培训、健身、美容等预付资金领域，商户卷款跑路让消费者苦不堪言。现在，通过数字人民币智能合约，这个难题有了技术上的解决办法。

在传统账户模式下，预付资金全部归商户所有，无法彻底解决用户权益保护问题。采用数字人民币智能合约进行预付资金管理时，运营机构根据商户的业务模式（如预付资金对应的商品或服务内容、预付资金结算模式、违约条款等）选择合约模板并在可信环境中部署。

也就是说，当消费者向商户预付资金时，运营机构会为他们创建一个包含智能合约的数字钱包。这样，合同条款就被写入了智能合约中，商户就无法随意动用消费者的预付资金。而且，在消费者实际使用服务之前，这些资金仍然归消费者所有。即使商户面临破产清算的情况，消费者的资金也能得到安全的保障。当消费者完成了实际的消费，商户便可以发起智能合约的执行请求。智能合约会自动检查是否满足了预设的执行条件，只有满足条件，预付资金才会划转给商户。这一过程从根本上杜绝了人为操作挪用预付资金的可能性。

当一条条数据被识别、标记，快速融入生产、分配、流通、消费和社会服务管理等各环节，数据要素呼之欲出。黄步添认为，区块链将推动数字经济的更大范围发展，使得数据真正成为关键的生产要素，同时改变资产的存储和交易形式。

而与之伴生的则是数据安全和数据隐私问题。云象在隐私计算和数据安全共享方面有多个技术创新，其中包括多方安全计算协议性能提升与组合优化策略；基于安全多方计算的密码算法指令及加速技术；原语、算法协议和管理系统三位一体的隐私计算互联互通系统。云象致力于研发一个数据要素可信流通技术底座，努力实现数据"可用不可见、可控可计量"。

除此之外，国产化及自主可控也是云象不懈努力追求的目标。作为全国信息技术应用创新工作委员会成员之一，云象也是工信部信创区块链推进行动参与单位。公司核心产品均通过了中国信通院和中央网信办的测试和备案，均兼容主流国产服务器、国产操作系统、国产数据库、国产中间件、国密算法等，并提供区块链一体机、隐私计算一体机等软硬件一体化信创解决方案。

发展到今天，区块链市场几经波折，云象抓住市场脉搏抢占市场先机的重要一环是通过自身能力对行业资源进行整合，构建了一个产学研用融合的生态体系。截至2024年初，云象拥有省级研发中心、共建区块链安全与平台技术教育部工程研究中心、上海区块链应用服务工程技术研究中心，是之江实验室首个战略协同创新生态企业（智能计算）；参与中国人民银行金融分布式账本标准制定，承担多个国家金融市场区块链基础设施建设，承担国家重点研发计划（区块链生态安全监管、隐私计算、新型信任体系、数字身份、法定数字货币等）；与浙江大学共建了数字资产与区块链研究所、网络空间安全学院产学研基地、智能计算与系统实验室产学研基地，与电子科技大学共建了网络空间安全学院产学研基地。

黄步添始终坚信，做研究要结合实践，不能在实验室闭门造车，只有不断迭代技术，才能构建起"护城河"。云象通过牵头组建创新联合体，承担国家重大科研项目，不断革新前沿技术，构建核心技术体系。一如公司的名字，"大象无形"，云象不断投入市场，摸索实践，一路走近解决分布式数字世界的"道"。

**点评 董颖：**

区块链这一名词最初为人们熟知，是源于比特币等虚拟货币巨大的造富效应，然而人们却鲜少去了解这一技术背后带来的更多的对数字经济领域的影响。

但是黄步添看到了，当一条条数据被识别、标记，快速融入生产、分配、流通、消费和社会服务管理等各环节，数据要素变得可以触摸感知。区块链将推动数字经济的更大范围发展，使得数据真正成为关键的生产要素，同时改变资产的存储和交易形式。

从创立的初衷是基于区块链数据安全隐私计算技术，构建一个开放的、不可篡改的、可信任的技术支撑系统，到专注服务于金融行业，提供基于"区块链+数据安全+隐私计算"的金融数字化整体解决方案，云象成功打开区块链技术在数字金融场景应用的大门，并构筑起自身基于"区块链核心技术""金融科技"的两大核心能力。

瞄准区块链在数字经济体系中的独特价值，高度重视技术研发和产品创新，致力于国产化及自主可控的发展目标，云象利用自身能力对行业资源进行整合，构建了产学研用融合的生态体系，牵头组建创新联合体，以区块链技术赋能实体经济，建立分布式商业经济体。这一系列从技术到管理到市场的创新实践有力地推动了金融数字化建设和区块链技术的商业化应用。

## 区块链赋能金融数字风控,实现"既合作又竞争"

王超 / 文

2015年,区块链社区以太坊创始人维塔利克在杭州开展了一次路演。正是这次线下聚会,促成了高航和俞学劢的相识,也成就了浙江数秦科技有限公司(简称数秦科技)的辉煌。

高航,一个辞掉财税公务员铁饭碗工作的"70后";俞学劢,一个技术出身的"90后"金融海归。两个年龄、背景、阅历都迥然不同的人,因区块链而结缘。

在财税机关工作10余年,高航深知在传统记账机制的掣肘之下,登记、交易、清算、审计之间很难相互信任,整个过程既烦琐又易错。一次偶然机会,高航接触到了比特币白皮书,被区块链技术的精妙设计所触动,"其分布式记录的方式可以保证链上数据的真实性、不可篡改和可追溯性,也就是说,区块链账本是可信的,审计是可信的,核算也是可信的,这实际上就解决了数据的信任问题"。高航预感到区块链将会是许多数据工作困境的"破局"之道,可信数据技术未来将有更多的可能性。

彼时的俞学劢，先后获得了英国利物浦大学通信与计算机学院电子金融一等荣誉理学学士、英国雷丁大学 ICMA Centre 金融风险管理卓越理学硕士学位，拥有国有、外资银行，民营金融机构和私募投行等丰富的金融经历，可他内心始终有一个无法抛却的"技术梦"。

怀揣着对区块链数字技术的同样热情，以及对数字经济未来前景的看好，高航和俞学劢一拍即合，于 2016 年创立数秦科技。俞学劢认为他们的搭配是"高航仰望星空，我脚踏实地"，高航描绘可信数据的未来图景，而更加侧重技术的他关注如何将技术与场景结合，给用户带来最大增值。在那个区块链混沌发展的年代，两个人携手在数字革命大潮中踏浪前行，成为国内数字行业"第一批吃螃蟹的人"，也敲开了可信数据落地的第一道门。

在那个大众创业、万众创新的年代，仅凭一腔热血是不够的，能在市场的大浪淘沙中存活下来，甚至一跃成为可信数据领域的佼佼者，数秦科技跨过了许多道"坎"。

数秦科技 CEO 俞学劢感慨道，在"数据要素 ×"时代来临之前，很多客户连区块链技术是什么都不知道，更别提数据要素价值了，因此获取客户难度很高。"我们需要从头到尾去解释整套数据服务体系对他们来讲具有怎样的价值、如何挖掘和治理数据价值等等，这就导致数据产品的整体验证周期和成单周期都比较长。"

在俞学劢看来，"数据要素 ×"的意义在于效率提升和价值放大，

"以金融领域为例，原本客户经理做尽调需要到企业的线下仓库里去盘库和跟踪，现在通过数据的整合和治理，可以线上实时监控整个进销存管理体系，从而实现数字化企业管理和风控，效率成倍提升。"这意味着，原本客户经理只能管理3到5个客户，而数据加成之后，管理300到500个客户也不是什么难事。

如今数据要素得到了国家层面的政策认可，区块链技术的普及率得以提高，相关教育及普及成本日益下降。"客户普遍认同了数据要素和区块链技术的发展趋势，现在我们可以简单直接地提供具体方案，告诉客户如何体现数据价值，这大大提升了市场拓展的效率。"俞学劢表示。

如何在保证数据不会被恶意复制和篡改的基础上实现有效流通？这是数秦科技提供可信数据技术服务的出发点。数秦科技的解决方案是：从数据的产生开始，到数据的使用和处理，再到最后的授权，通过留痕的方式实现全流程追溯，以此保证数据的可信度。

最开始，数秦科技以司法领域为切入点，做出了国内首个基于区块链技术的可信电子凭证服务平台保全网，将数据作为可被司法采用的证据，并于2016年出具了全国首份区块链电子证据司法鉴定意见书。

可互联网金融的火热让俞学劢意识到，对可信数据最敏感、需求最大的，其实是以银行机构为代表的金融行业。

"金融机构除了相对静态的存证之外，还有数据治理和应用方面的需求，国家也希望互联网金融的线上化模式能够被传统银行机构所采纳。"俞学劢解释,"可是这样一来,如何监管这些线上金融业务又成了一个难题,监管部门有相关的业务经验和需求,却苦于找不到能实现的技术路径。"另一方面,金融机构也在探索如何利用更好、更完善的金融数据来做企业风控和企业精准触达,扩大普惠金融规模。

而数秦科技之前做的存证业务,恰好契合了监管部门对金融数据全流程追溯、存证的需求,同时也能确保整个存证过程是可信的。

借着这个机会,数秦科技跨领域进入了金融行业,作为技术支持方与银保监和大数据局达成战略合作关系,成立浙江省金融综合服务平台,探索将政务数据应用在金融行业。

随着合作的不断深入,数秦科技又敏锐地发现,金融机构还存在跨机构间风险联防联控的需求。可一旦数据被集中,对其他银行来说可能是个威胁。"区块链分布式和去中心化的特性,满足了银行间'既信任又竞争'的需求,彼此间互相透明、互相监督。"俞学劢如是说。

"金综链"应运而生。这个金融行业级风险信息共享区块链平台,通过对"区块链+多方安全计算+知识图谱"等前沿技术的综合运用,探索开发金融业数据共享与联合风控等应用场景,实现对信贷欺诈、资金挪用、流水造假等多种风险的事前、事中以及事后全生命周期管理,全面提升金融行业风险管控能力。

其中跨行流水核验是金综链最大的业务板块,能占到总服务调用量的80%。

原本在办理放贷或住房、出境等业务时,需要能证明个人或企业财务水平和收支情况的银行账户流水信息，而且为了防止数据伪造，要以纸质形式办理，从打印、提交到验真，线下跑一趟通常要耗费4个小时。

得益于金综链，如今申请人在手机上就可以直接授权进行跨行流水数据验真，5分钟就能搞定。流水验真信息的全数字化还可以实现建模分析，基于精准客户画像提供更好的便民金融。

贷款发放之后，金融机构还要对资金流向进行监管，如果流向禁止型领域或敏感型领域可能会造成贷款无法追回等损失，这就涉及金综链的另一核心业务板块——贷后资金监管。

"如果有企业有意套贷，一般会将资金转移到其他银行账户，这就脱离了贷款银行本身的系统管理权限范围。区块链技术可以实现对共享数据的精细区分和有限授权，数据只交互和共享账户类型和属性，而不显示具体的账户金额。"俞学劢表示，"一旦出现风险，放款行就会收到来自区块链上的警告，但是发出警告和收到警告的机构彼此之间是'双盲'的。"

这样一来，银行机构之间就可以建立起联防联控的共享机制，同时又不用担心任何一方攫取额外的客户隐私和商业秘密。

目前，金综链已经基本实现了浙江省内金融机构全覆盖，每天使用频率过万。截至2023年12月，该应用累计服务群众14.4万余次，帮助群众节约成本超720万元。

金综链仅仅只是数秦科技在金融分支的其中一个成功案例，公司旗下还有保全网、氘平台等数字应用，覆盖了司法、政务、双碳、民生等众多领域，应用场景包括司法存证、数字公证、品牌保护等，可谓遍地开花。

弹指间，7年过去了，区块链行业正如俞学劢当初预想的那样蒸蒸日上，数据作为新生产要素也正在创造越来越多的价值。

接下来，数秦科技也将迈向下一个阶段——将通过市场验证的"浙江经验"复制到外省，逐步打造全国化网络体系，向"成为第一批在国内上市的区块链公司"的宏大目标更进一步。

## 点评 董颖：

数秦科技，国家网信办首批区块链备案企业，经历了曲折的发展历程，最终成为国内区块链创新应用的领军者。

在2024年7月25日的"智领未来 元启新篇：元宇宙产业场景创新2.0高峰论坛"中，高航概述了区块链技术的发展史，并介绍了数秦科技在这一领域的三大贡献：

数据证据化：数秦科技基于区块链技术推动数据成为法律认可的证据，如电子公证书和司法鉴定意见书，助力形成行业共识，完成了规则层的突破。

数据资产化：公司促进了数据向数据资产的转变，把一段实时的、持续的可转化为经济效益的数据，变成传统记账体系的显性资本项，展现区块链在变革生产关系中的潜力。

数据要素化：通过感知改革变化，并加强在数据治理与基础设施建设等领域的实践，数秦科技致力于推动数据从资源向要素的转变，为数字化改革贡献力量。基于此，数秦科技提出全生命周期资产管理架构，以"过程自信任、算法自进化、监管自审计、生态自发展"的服务理念，实现以区块链技术赋能数据要素循环。

这三点可以视为本案例展示的数秦科技在区块链赋能金融数字风控的探索道路上的成就基点。

发布国内首个基于区块链技术的可信电子凭证服务平台保全网，进而发布基于区块链智能合约的可信大数据交换平台金综链，基本实现了浙江省内金融机构全覆盖。融合区块链、大数据、人工智能和隐私计算等新技术打造的"氚平台"，实现可信数据价值化，展示了在区块链赋能实体经济和数据要素价值化上的领先示范与创新实践；充分发挥区块链分布式和去中心化的特性，探索实现"区块链＋大数据"技术高密度的跨域融合，进而成为国内领先的全流程可信数据技术与服务运营商。数秦科技从新数字经济的开拓者成长为行业领军企业的创新实践者，为数字经济领域提供了生动可鉴的成功范例。

## 智能定价，政府资源和企业资源的双向奔赴

楼昕 / 文

当高考遇上端午假期，2024 年的 6 月，指数级增长的除了考生家长的紧张情绪，还有酒店的房价。

"本来节假日酒店房间就难订，更别提今年还赶上高考。"游客老孔说。

影响酒店价格的，有出行时间、酒店的地理位置和服务环境、游客量等因素，为了订到一间满意的"假日房"，老孔前前后后在各大 App 上搜索了好多天。

"虽然房间订好了，但我有时候还是会登录 App 看看当天的房价。"老孔说，"越是临近假期，房价越是噌噌噌往上涨，还好我订得早。"

在交易市场里，决定价格的，是供给侧与需求侧的关系。当卖方愿意接受的价格刚好等于买方愿意支付的价格时，商品的交易价格就形成了。比如老孔，他用合适的价格定到了心目中的酒店。

但有市场就会有竞争。供给侧之间有竞争，需求侧之间也有竞争，

供给侧和需求侧之间同样有竞争。不难发现，交易价格是波动的。影响酒店民宿定价的因素有哪些，价格变化范围应当控制在多少个百分比以内，调价区间何时打开……看似简单的数字浮动背后，是数以万计的历史数据、算法公式、场景模拟——大数据时代，不做没有准备的事。

旅游市场是经济的晴雨表，它既有以基础建设、交通、住宿、餐饮等为代表的上游业态，也有以购物、娱乐为代表的下游业态。作为旅游产业链中的关键一环，酒店民宿定价策略直接影响着旅游市场的竞争力和收益。如何读懂消费者的心理，让他们愿意多玩上几天？在脉策（杭州）科技有限公司（简称脉策科技）负责人李庆华眼中，这些尺度把握都可以交给 AI 大模型。

脉策科技是一家国内领先的致力于大数据和人工智能领域的科技公司，专注城市数据挖掘与分析。2017 年脉策科技牵头搭建杭州旅游大数据平台，2018 年入选杭州城市大脑专班，打造完成杭州旅游大脑。如今，李庆华带领团队从制度创新、数据处理、场景应用与生态构建等方面，探索出一个基于未来游客量预测的住宿智能辅助定价新场景。

国际上是有类似的辅助定价系统的。比如美国的 STR（酒店行业数据分析服务商）和 IDEAS（咨询业务供应商），但 20 万元一年的使用费，让不少本土酒店、民宿望而却步。中国饭店协会发布的《2023 中国酒店业发展报告》指出，截至 2022 年底，内地住宿业酒店非连锁化率约占 61%，且绝大部分都分布在二三四五线城市，它们大多算不上传统意义上的旅游城市，淡旺季明显，商家往往依赖经验判断和历史数据进行客流量预测和住宿业价格决策，极易出现"客流量增、收入不增"的现象。而这些城市的酒店，恰恰是该预测平台的目标用户群体。

针对这一普遍性问题，脉策科技以住宿业细分市场为切入点，量身打造国内首个融合公共数据和企业数据的游客量和价格预测平台——"全域酒店生意参谋TSP"。

"做它的初衷，并不仅仅是为了降低企业经营成本，而是提供敏捷定价的能力。"李庆华说，"外资服务商缺少对国内市场数据的采集与分析，对国内旅游市场产业发展、游客的喜好需求等也不太了解，做出来的产品国内受益酒店少，无法普惠区域的酒旅产业。"

数字经济发展浪潮下，数据已经成为个人、机构、企业乃至国家

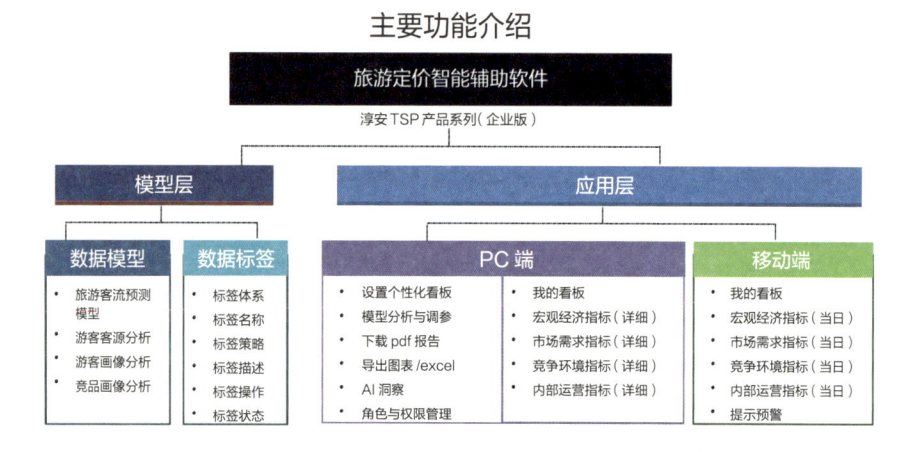

## 主要功能介绍

**旅游定价智能辅助软件**

淳安TSP产品系列（企业版）

### 模型层

**数据模型**
- 旅游客流预测模型
- 游客客源分析
- 游客画像分析
- 竞品画像分析

**数据标签**
- 标签体系
- 标签名称
- 标签策略
- 标签描述
- 标签操作
- 标签状态

### 应用层

**PC端**
- 设置个性化看板
- 模型分析与调参
- 下载pdf报告
- 导出图表/excel
- AI洞察
- 角色与权限管理

| PC端 | |
|---|---|
| 我的看板 | |
| 宏观经济指标（详细） | |
| 市场需求指标（详细） | |
| 竞争环境指标（详细） | |
| 内部运营指标（详细） | |

**移动端**
- 我的看板
- 宏观经济指标（当日）
- 市场需求指标（当日）
- 竞争环境指标（当日）
- 内部运营指标（当日）
- 提示预警

淳安TSP产品功能架构图

的重要战略资产，如何发挥公共数据价值成为数据要素市场建设的重点命题。2022年12月发布的《中共中央 国务院关于构建数据基础制度更好发挥数据要素作用的意见》（简称数据二十条）明确要"推进实施公共数据确权授权机制"。2023年，浙江省发布《浙江省公共数据授权运营管理办法（试行）》，强调试点市、县（市、区）政府可结合具体应用场景确定授权运营领域与授权运营单位，并明确，优先支持在与民生紧密相关、行业发展潜力显著和产业战略意义重大的领域开展公共数据授权运营。

这无疑给李庆华的平台增添了胜利的砝码——数据对大模型训练的重要性不言而喻，没有海量的高质量数据，就没有大模型的准确和精细。通过公共数据授权、行业数据授权和商业数据采买，加上"PMS（资产管理）+RMS（收益管理）+ 机器学习算法 +AIGC 驱动的城市文旅全要素知识库"的产品服务模式创新，脉策科技实现了旅游数据预测的"标准化、精细化、智能化、高质量"，将有效撬动旅游目的地收入杠杆，提升产业高质量发展。

淳安，千岛湖景区所在地，也是住宿智能辅助定价大模型的首个试点城市。在这里，李庆华的数据应用设想正在逐步实现。用他的话说，就是"天时地利人和，水到渠成"。

构建高质量旅游公共数据供给体系，并不是单独一方能够完成的，以试点城市为例，参与方有淳安县政府、杭州市文旅局、PMS（物业管理系统）厂商和脉策科技等。其中，淳安县政府负责完成试点企业侧的需求调研、产品测试和应用推广工作，杭州市文旅局负责提供如公安、气象、文旅、交通等在内的全市旅游公共数据和抖音、小红书、携程等涉旅电商平台数据，PMS厂商负责提供酒店商业数据授权，脉策科技负责算法模型搭建、场景开发和产品上架。

"我们多方联动，啃下了数据共享这块硬骨头。"李庆华说，要构建一套高质量旅游公共数据供给体系，就需要掌握酒店预订、景区预订、网络热搜、高铁出行、高速流量、气象预报预警等诸多资源数据，这些数据一来跨条线，二来跨政企。"高铁出行数据在铁路总局，出入站人数归地方铁路站，酒店预订数据大部分在携程、飞猪等民营企业平台……我们开了很多次联席会议，省公安厅、文旅厅的领导亲自协调领办，最终得到了真实可靠的一手资料。"

如此操作，会存在安全问题吗？公民个人的数据涉及隐私，这些数据被归集整理，需要征得个人同意吗？如果被人盯上，制作成专属画像会不会暴露个人的习性偏好？

答案都是"否"。因为政府早就想在前了。

据悉，《浙江省公共数据授权运营管理办法（试行）》对政府部门的职责分工、授权运营单位安全条件、授权方式、授权运营单位的权利与行为规范、数据安全与监督管理作出了全面的规定。简单说，就是当这些数据从政府部门移交出去的时候，已经是全部脱敏的状态，使用单位只能看到性别、地区、年龄、出行时间段等，不涉及任何个人隐私部分。"我们在处理信息时，会再次进行模糊化处理，把目的地划分成多个网格，根据用户需求，提供各网格的分析报告。"李庆华说，这个过程用业界行话说，就是数据的切分、清洗和整理。

靠着这些数据，"全域酒店生意参谋TSP"平台完成了客流预测、价格预测、收入预测等算法模型的研发，打造"PMS（资产管理）+RMS（收益管理）+GIS（空间地理）+城市数据"的数据产品服务链路，实现产业联动。翻译一下："全域酒店生意参谋TSP"大体由三部分构成，一是一套区域需求预测模型，通过实时关注各地客流的周期和趋势变化，分析游客出行的供求关系、偏向喜好，制定符合当地特点的需求预测模型组合；二是一套价格预测模型，参考市场数据、历史价格、竞争对手价格、用户行为数据和宏观经济指标等多元数据提供淡旺季动态价格建议；三是一套人工智能模型，通过智能聊天机器人感性回应并理性分析用户问题需求，同时捕捉用户高频需求问题，反哺产品设计。

2024年"五一"小长假前，李庆华在淳安进行了一次正规的场景大模型培训，培训对象是景区内的几十家酒店。淳安一家民宿老板说："依托场景大模型，我们对客流量有了相对准确的了解，便于及时调价、降低空房率。""有了这套系统，我们能在保证成本的情况下，为消费者提供最实惠的客房价格，提升旅游体验。"某知名星级酒店销售经理说。"五一"小长假期间，有百余名住宿业从业者登上了平台，75%的用户认为平台预测数据对酒店决策提供了帮助。

这背后，是政府资源和企业资源的双向奔赴，是政府数据和企业数据双向互通的合作共赢，也是公共数据与酒店业务之间互利共赢的试点合作，通过帮助酒店民宿解决日常经营中的定价难题，发挥数据在创造实体经济价值中作为新型基础设施和核心生产要素的作用。

"用数字技术，打通了产业发展新业态。"下一步，李庆华计划打造"数智文旅看淳安"的主题IP，并逐渐从淳安走向杭州，走遍浙江，走向全国，在公共数据授权运营元年，在数字文旅领域贡献先锋算力。

**点评 赵之奇：**

通过"全域酒店生意参谋TSP"平台，脉策科技成功将公共数据与企业数据结合，利用先进的算法和模型对客流量和住宿价格进行预测，显著提升了酒店的经营效率和游客的住宿体验。

旺季提价怕吓走客人，定价保守却又怕踏空市场，这是许多酒店民宿管理层的两难心理。从本案例来看，"全域酒店生意参谋TSP"平台通过提供数据模型，有望解决这种决策焦虑。

平台利用了公共数据和企业数据的融合，通过算法模型搭建、场景开发和产品上架等步骤，实现了对旅游数据的"标准化、精细化、智能化、高质量"的预测。这种预测不仅有助于酒店从业者更好地制定价格策略，还能提升游客的旅游体验。

技术的应用不仅解决了传统难题，如房价波动和客房空置问题，还提高了整个旅游生态系统的效能，展示了数字化转型的力量。

和服务商贸领域的很多业态一样，酒店业未来的竞争将越来越多地体现在数据和技术的应用上。数据共享和融合的实践不仅是技术问题，更是策略和视野的体现。如何在保证数据安全的前提下，最大化数据的开放性和应用价值，是每一个行业都需要思考的问题。

本案例再次从一个侧面印证了，数据共享和数据融合不仅可以提升行业效率，增强竞争力，还能推动社会经济的整体数字化转型，提高公共服务的效率和质量，促进国家治理体系和治理能力现代化。下一步，脉策科技如何以浙江为实践大基地，通过政府的积极推动和政策支持，通过技术和数据驱动地区经济和数字文旅的全面发展，值得市场期待。

## 不再弯弯绕绕，停车变得"聪明"

沈爱群 / 文

5月的江南，一片花海。

2024年的雨水有点多。绵绵春雨已连着下了5天，这天总算雨停了，出太阳了。又是周末，洗晒完毕，许蓉想着约上朋友一起去附近的杭州国际金融中心（IFC大厦）逛逛，顺带着采购一番。

许蓉是"停划算"杭州公司的客户主管。自从2021年7月入职以来，她已养成一种习惯：无论逛街还是采购，她都喜欢去与自家公司有合作的地方。为啥？停车方便呗！

比如杭州国际金融中心，位于杭州临平新城核心区块，由A、B两座双子楼加底层商业层组成。2019年起，这里的地面停车场（60多个车位）都交由停划算运营管理。

临出家门，许蓉便掏出手机，打开微信，熟练地进入这个名为"停划算"的小程序，输入目的地后打开"附近车场"，找到IFC大厦。她又习惯性地点开屏幕下方的"空位数"看了看，发现只有2个空位时，她便果断地点击了"预约"功能，选择了"半小时"后到达。

中途拐去接上朋友，两人一边说说笑笑，一边欣赏着一路繁花一路景，不紧不慢赶到 IFC 大厦地面停车场。看着许蓉熟练地"降锁"停车，朋友忍不住打趣道："哎哟，还好你提前预约了，不然又没有车位了。"

"那是。要不然我们怎么会有上千万用户呢？靠的就是周到细致的服务。"许蓉开心地回了一句。

我们都有一个深刻的体会，随着我国经济持续快速发展，机动车保有量保持快速增长。据相关数据统计表明，2023 年全国机动车保有量已达 4.35 亿辆。城市车位客观上跟不上汽车数量的增速，上班找车位、回家找车位、吃饭找车位、购物找车位、看病找车位……"出行难，停车难"日益严重，已成为制约城市发展的重大社会问题。

严格来说，停划算是一个智慧停车服务平台。随着"互联网＋"的深入推进，共享理念的共识、在线支付的普及，2016 年停划算诞生。其原理，就是让车位"发声"，打破信息孤岛，盘活闲置的车位资源，进而实现"找车位、约车位、享车位、缴车费、管车位"自助停车。

怎么理解"打破信息孤岛，盘活闲置的车位资源"？打个比方，对有车一族来说，白天开车出门上班干活要停车，这就占用了一个停车位——这时，这辆车的原有停车位不就闲置了吗？反过来，到了晚上，我们将车开回家后，办公楼、停车场的那些个停车位又闲置了。

尽量让一辆车一天只用到一个车位。基于"分时共享"的理念和出发点，停划算于 2016 年诞生后不久，就在湖南长沙取得了突破。

这一点，停划算长沙公司负责人曾大领记得很清楚。"我们的第一个项目，是在长沙一座高架桥下的公共空间，不大，就 12 个车位。"曾大领说，"但它的位置夹在当地街道部门和居民小区之间，用户争夺得很厉害。"

停划算接手后，把它打造成了"分时共享"的潮汐车位。白天，供政府部门工作人员或者在附近办事的人员使用；晚上，使用权又归属小区居民。

"这利用率，杠杠的！"曾大领说，"而于我们，则是把一个共享平台的业务给跑通了，意义非凡。"

其后，经过几次技术迭代升级，停划算共享停车已成功布局杭州、宁波、温州、嘉兴、长沙等 20 多个大中城市，经营着 1300 多家停车场，服务了 1000 多万车主用户。

其中，长沙的"潮汐车位"是第一种共享场景。第二种共享场景，可以在杭州找到。

杭州作为常住人口 1200 万以上的超大城市，医疗资源集聚。但在这里生活过的人都知道，作为省会城市的杭州，其主要医疗资源又都集中在老城区。看病难、停车难，一直是老城区几家大医院的痛点。

停划算的第二种共享场景，就出现在杭州某家医院旁边的一条背街小巷，也是 12 个车位。因为小巷就位于医院跟居民区之间，在那之前，一边是想去医院看病的车主一圈一圈不停地绕着医院周边找车位，

停划算共享车位

一边却是这 12 个车位中的大部分白天处于闲置状态。

停划算接手后,立马实现了对小巷车位的精细化管理。想停车的用户只需打开微信"扫一扫",点击"降锁停车",即可泊车入位,开始计时计费。停车结束,通过点击"驶离升锁",并支付停车费,即完成本次停车。

按每小时 5 元的收费标准,一个月下来,这 12 个车位平均每天的停车费就能达到 400 多元。相当于一个车位每天能带来 40 元的收入。从数据观察,我们能一目了然地看到这些车位原本在白天的闲置时间都被利用起来了。既解决了看病停车难的民生问题,也产生了不错的经济效益。

第三种共享场景，我们把目光投到宁波某幢写字楼的一个地下停车库。在这里，一家在楼里办公的公司盘下了 80 多个车位，想用于员工停车。可员工们一下子又用不了那么多，这不有闲置车位多出来了吗？

这些车位交给停划算运营管理后，只需通过"预约"的方式，访客和办公楼里的其他公司员工就可以停车了。一下子，车位使用周转率大幅提高。不仅盘活了闲散车位资源，还给这家公司产生了经济效益。共享的逻辑，再次在这里得到了印证。

共享的同时，停划算还能实现对车位的差异化运营。

如何实现？

比如在我们司空见惯的商超地下停车库。有的车主更喜欢把车停在离电梯较近的地方，造成电梯门口的车位就比较拥挤；而那些比较远或者边边角角的车位，周转率相对就低得多。从这个逻辑出发，停划算给出的解决方案，就是差异化运营——收费标准不一样，离电梯近的车位收费标准高于那些距离远或者边边角角的车位。通过收费差异化，引导车主合理停车。

经过 7 年多的运营，停划算站在城市管理的角度，实现了让现有存量车位发挥出最大效益。

那么，他们又是通过什么技术做到的呢？其实，就是在车位上装一个小"机器人"（严格地说是"传感器 + 控制系统"），精确地监测车位的使用状态，从而实现精细化管理、差异化运营。

据了解，作为国内领先的共享停车服务商与运营商，在这个平台里，如果把我们平时见到的那些路侧的，或者实施封闭式管理的车位接进来，就形成了城市级的静态交通数据。

而这样的数据，可以带动城市治理的数据联动，成为城市大脑（智慧城市）的组成部分。

这些数据背后，是一个清华院士领衔的研究团队。也就是说，停划算的技术研发和升级都是在北京完成的。每天，这个团队都还在不断思考，如何以更好的技术让千千万万个车主停车更方便、体验感更佳。

**点评 赵之奇：**

智慧停车是指将无线通信技术、移动终端技术、GPS定位技术、GIS技术等综合应用于城市停车位的采集、管理、查询、预订与导航服务，实现停车位资源的实时更新、查询、预订与导航服务一体化，实现停车位资源利用率的最大化、停车场利润的最大化和车主停车服务的最优化。

对现代都市人来说，智慧停车是大数据在生活场景应用中最具可感性的案例之一。文中的停划算就是如此，它不仅展示了科技如何助力解决实际问题，还体现了创新思维在现代城市管理中的重要性。这种模式的社会价值和经济效益的双重成果，让人感到振奋和期待，并且引人思考，智慧城市建设中科技与日常生活的结合可以释放多大的潜力。

这种服务模式的成功，依赖于强大的技术研发能力、精细化的运营管理以及对用户需求的深刻理解。同时，这也表明了政府与企业合作的模式在推动智慧城市发展中的重要作用。

停划算在实践中，不仅在技术上取得了突破，还实现了政策和商业模式的创新。这种勇于尝试和创新的精神，对全国其他城市具有重要的启示和影响，鼓励着更多地区探索适合本地情况的智慧解决方案，共同推进智慧城市建设。它充分证明了通过科技手段解决城市停车问题是可行且有效的。这一模式的成功实施，不仅可以减轻城市交通压力，还能提高市民的生活质量，是值得全国推广的智慧停车解决方案。

# 数字赋能农民掌握农事"金钥匙"

王超 / 文

随着大地回暖，广袤田野颜色日渐丰富，农耕由南向北陆续展开，新一轮的蔬菜种植提上日程。

"人吃饱饭才能长大个儿，田水肥足才能有好收成，我们农民操的心可多咧！"天空映着深邃的蓝色，正值中午，种粮大户老李在家中点开手机。

"现在从地里'解放'了，坐在家里，手机查一查就能看到我那些大棚里的土壤、环境、光照等情况，天气、虫害都能提前预知，灌溉、施肥更科学了，不用到处忙活也能有个好收成了！"他乐呵呵地说。

田间有"耳目"、云端有"大脑"、地里有"医生"，沃野田畴光景一新，兼具"接地气"与"田园牧歌"特质的农业，如今又多添了一重"科技感"。让"老李们"喜笑颜开的背后，是浙江托普云农科技股份有限公司（简称托普云农）日复一日在农业大数据领域的耕耘和托举。

农作物病虫害智慧测报系统

　　2024年是托普云农深耕农业的第17个年头。在董事长陈渝阳眼里，办企业就像农民种地，需要秉持长期主义，一寸一寸生长，最后才能收获果实。这些年，随着数字农业的发展，陈渝阳也因"老李们"的作业变化实实在在感受到了"收获"的成就感。

　　在创业之前，陈渝阳的经历与农业息息相关。他出生农村，从小习惯在田间地头奔跑，体味过稼穑的艰难和农民的辛苦。年幼时他便深知，农业生产的每个环节都有很多不可控因素，庞大的农业事实上很脆弱。

　　从原浙江农业大学（现浙江大学农业与生物技术学院）种子工程专业毕业后，陈渝阳进入浙江农资集团工作。2008年，陈渝阳辞职下海创立托普云农,一头扎入农业这片广袤的土地,毅然成为数字农业的先行者。在与农业日复一日打交道的过程中,他坚信大数据是改变几千年农业生产循环的良药。

创立托普云农之初,一整套关于农业大数据采集与应用的服务模式已在陈渝阳脑海当中初具模型:他想构建一个农业大数据中心,在这里包含着每一寸土地上每一个农业信息,而基于这些数据基础,通过人工智能的算法辅助,政府端、农业主体端、消费端都可以进行定制性的应用,农业生产、管理不会像以往那般盲目,农产品消费也将更加透明安全。

明确了这一路径之后,托普云农的第一要务便是整合数据资源,解决数字孤岛问题。这是最重要也是最艰难的部分,没有捷径。

为此,他带领托普云农从底层架构入手,也就是研发生产智能化的、便携式的农业仪器,改变基层人员的数据采集工作,提高数据采集的效率与准确性,为整个大工程"打好地基"。

防治病虫害,过去农民都是凭经验去田间地头查看,既费力又低效。观察到这一痛点,托普云农研制了一套病虫害测报仪器,诸如智能虫情测报灯、智能孢子捕捉仪等,可以实时监测三化螟、稻飞虱、稻纵卷叶螟等害虫数量分布情况,为农民守住"粮仓",减少经济损失。

随后,托普云农在此间耕耘不辍,形成了以农业数据采集与农业数据应用的研发体系,到2023年末已累计研发具有完全自主知识产权的农业智能装备达138种。

除了农业精密仪器制造以外，托普云农将物联网技术与农业场景结合，开始布局数据产业化应用。针对产业应用需求，通过物联网系统集成传感器，将土、肥、水、环境等各类植物生长指标传输储存到云数据平台，以便进行实时监测、管理。

得益于多年来的技术实力与行业声望，托普云农在政府大力推动农业现代化发展的节点上备受关注，其智能装备和农业物联网系统立时成为"香饽饽"。托普云农在全国各地都建起了农业示范园，技术产品得到了广泛的应用。

也是在这个时候，陈渝阳愈发相信，未来乡村是数据服务赛道的新赛场。如何帮助辛苦又"心苦"的农民？农业大数据提供了答案，它可以通过整合农业的整个链条数据，将面朝黄土背朝天的农民从重复性、简单性的烦琐事务中解放出来，让农业变得更高效。

瞄准解决农业农村农产品的诸多核心痛点，托普云农手握农业基础大数据，开启了改造农业的数字化之旅。

2015年起，托普云农子公司浙江森特全程参与浙江省"乡村大脑"建设。该项目综合运用大数据、云计算、人工智能等数字技术，集成算力、数据、算法、模型、智能模块等数字资源，在乡村数据汇集上发力，建起一仓一图一码五库三能力的核心架构，支撑农业农村数字化改革应用，提升农业智能、乡村智治、农民"智富"能力。

以"大脑＋应用"为主体框架，这颗最强"大脑"集成了浙农富裕、浙农经管、浙农田等"浙农"系列应用，以及亲农在线、瓜果天下、"梅"好兰溪等地方特色应用……依托浙江乡村大脑的坚实基础，通过科技赋能应用场景，跨层级、跨部门、跨业务地协同服务，为农业农村现代化、乡村振兴提供强大的技术与动力支撑。

以"梅"好兰溪为例，在平台上点击一个小入口，就可以"云上"走进七星山"梅"好农场。杨梅相关的大部分操作，都能通过手机轻松实现。

浙江森特运用数字孪生技术融合杨梅科学化生产，通过搭建一棵孪生树，实时指导梅农剪枝、除草、打药等农事行为，让农户"身临其境"学会科学养护杨梅。

为从源头上保障杨梅的品质，浙江森特在兰溪杨梅主产区入口配备42个图像识别摄像头，实行禁药期药桶场景化自动采集、预警、处置全闭环，精准治理杨梅全产业链。

同时，想知道杨梅大不大、甜不甜，梅农可以随时带着自家生产的杨梅参加"杨梅品质评价"，生成专属"杨梅品质评价雷达图"。数字技术与农业技术的有效结合，可以多指标综合评价分析杨梅品质，方便农户更了解自家杨梅品相，平台的支持团队还能给出相应农事管理建议，辅助梅农生产出更高品质的杨梅。

这些年，托普云农或浙江森特参与打造的诸如"梅"好兰溪等平台让大数据对农业效率的提升得到多次验证。智慧种田、智慧帮扶、智能选品……托普云农将信息技术实打实地"送进"田间地头，让农民朋友掌握丰收"金钥匙"。在将"数字"植入乡村发展基因的中国，正有越来越多的生产"小切口"展现着智慧"大场景",农业农村变得愈发"聪明"。

2024年4月,陈渝阳入选2023年度浙江数字乡村"十大先锋人物"。颁奖现场,他由衷描绘了心目中的智慧农业未来图景:在政策支持和市场推动下,随着技术不断进步,应用不断深化,以规模化、集约化、标准化为基础,以机械化、智能化、数字化相融合,以无人化、绿色化、智慧化为管理特征的未来现代农业新图景一定会实现。

陈渝阳相信,农业是中国大数据最肥沃的土壤,数据科学将彻底改变这个行业,农户将拥有充分利用每一亩土地的利器,无论消费端还是生产端,未来的故事都充满了想象力。

飞越"地平线"之上,这幅图景会像《富春山居图》一样美丽、壮阔,充满诗意和希望。

## 点评 周佳:

和农人一起扎根大地,充分运用大数据、云计算、人工智能、物联网等数字技术,发挥农村数据资源作用,展现了新时代科技赋能农业的精彩篇章。托普云农的探索为全国开展农业数字化转型提供先行示范,为传统农业注入新的活力。

构建农业大数据中心,将农户们从面朝黄土背朝天的千年劳作中"解放"出来。有了托普云农的"大脑"和"医生",农户在家就能随时掌握大棚植物的土壤、光照、天气、虫害等情况。

感知农户痛点，从底层架构入手推进技术创新。托普云农从病虫害测报仪器入手，研发智能虫情测报灯、智能孢子捕捉仪等，至2023年底累计研发具备知识产权的农业智能装备达138种，为智能农业奠定了坚实的技术基础。

全程参与浙江省"乡村大脑"建设，通过科技赋能农业应用场景。以"梅"好兰溪为例，浙江森特运用数字孪生技术融合杨梅科学化生产，精准治理杨梅全产业链，使农业生产、管理更加高效和智能化。

托普云农将新技术"送进"田间地头，让农民朋友掌握了云上的农事"金钥匙"，让我们看到了一个用数据科学打造的无人化、智能化、绿色化的未来农业美好前景。

图书在版编目(CIP)数据

探路者：从互联网＋到数据要素×/陈劲主编．
北京：红旗出版社，2024.12．（2025.2重印）－－ ISBN
978-7-5051-5441-4

Ⅰ.F492

中国国家版本馆CIP数据核字第2024UH7006号

| 书　　名 | 探路者：从互联网＋到数据要素× | | |
|---|---|---|---|
| | TANLUZHE：CONG HULIANWANG＋DAO SHUJU YAOSU× | | |
| 主　　编 | 陈　劲 | | |
| 出 版 人 | 蔡李章 | 责任校对 | 郑梦祎 |
| 责任编辑 | 丁　鋆 | 责任印务 | 金　硕 |
| 文字编辑 | 张　颖 | 封面设计 | 高　明　戴　影 |
| 出版发行 | 红旗出版社 | | |
| 地　　址 | 北京市沙滩北街2号 | 邮政编码 | 100727 |
| | 杭州市体育场路178号 | 邮政编码 | 310039 |
| 编 辑 部 | 0571-85310806 | 发 行 部 | 0571-85311330 |
| E－mail | hqcbs@8531.cn | | |
| 法律顾问 | 北京盈科（杭州）律师事务所　钱　航　董　晓 | | |
| 图文排版 | 浙江新华图文制作有限公司 | | |
| 印　　刷 | 浙江全能工艺美术印刷有限公司 | | |
| 开　　本 | 710毫米×1000毫米　1/16 | | |
| 字　　数 | 132千字 | 印　　张 | 12.5 |
| 版　　次 | 2024年12月第1版 | 印　　次 | 2025年2月第2次印刷 |
| ISBN 978-7-5051-5441-4 | | 定　　价 | 80.00元 |